科学老师 **陈乃绮(Penny)**　著
儿童语言开发专家 **柯佩岑**

厨房里的
聪明科学课

86个丰富孩子五感体验的科学游戏

山西出版传媒集团　山西人民出版社

·作者序·
生活中的科学飨宴

陈乃绮（Penny老师）

几年前，一位朋友带着她五岁的儿子来找我，两个大人很兴奋地分享近况，小孩在旁边自己玩一套看起来价格不菲的玩具。朋友告诉我，她找到了一间很不错的玩具店，买了很多玩具，希望儿子每天都能玩得很开心，只是儿子常常玩到一半就说好无聊，把玩具弃如敝屣是常有的事云云。想不到她儿子听完后在一旁忽然回答："因为我想要和爸妈一起玩。"我和朋友同时转头，惊讶地看着这个小男生，久久无法自已。原来小孩要的不是精美的玩具，而是父母的陪伴。

为了满足孩子天生源源不绝的好奇心，并鼓励孩子去思考及探索，本书将家中美味餐点的制作地点，同时也是材料蕴藏量丰富的实验室——家中厨房，当作所有小科学家的探索起点。如果你是想和孩子共同学习的家长，抑或是可以独立操作的大孩子，徜徉本书就能参与各种新奇有趣的科学游戏，会发现柠檬能用来发电、用泡沫塑料和橘子就能做一个可爱印章、不同密度的糖可以变成缤纷彩塔、用胡椒粉就能尽情挥洒出画作等等，还能借机教导孩子，实验中使用的食物有哪些营养素，让孩子从小就养成良好的饮食习惯。

本书中的实验材料大多都是厨房中随手可得的，家长既无须花大钱就能带着孩子轻松动手做，也可以适时辅以生活周遭可见的科学趣闻与现象。希冀大人陪伴孩子们，一起通过书中的步骤进行测量、观察、混合等活动，鼓励孩子们去观察，并激发孩子原有的好奇心。由大人在一旁做适当的引导和指导，可培养孩子学会大无畏的科学精神，学着自己去发现和找寻答案。

让孩子从小亲近科学绝非难事。现在，就让我们准备好满满的好奇心，和孩子一同享受这场惊叹声连连的科学飨宴吧！

· 作者序 ·

用科学游戏
为亲子关系调味

柯佩岑（Pizza老师）

现代社会的信息快速，求新求变，似乎也成为每一个人每一天都会面对的难题。所以，现代社会的父母真辛苦，需要努力工作，还要努力找寻适合的、有效的、有新意的亲子教养信息。

但当我们放慢脚步在生活中观察环境，在日常中找寻信息时，其实不难发现，原来，在我们的家庭生活中会出现如此多的"可能"与"不可能"。

打开冰箱，看到的食物就只是食物吗？换个角度，它们不仅仅是食物而已，也可能成为科学游戏里的重要材料：吃一口爸妈准备的咖喱饭，美味的咖喱饭也可能变身为作画的小小颜料；每次让孩子抱怨不已的回收工作，通过科学游戏的延伸和改装，也可以变化成为有趣又动感的各类乐器和小游戏……

"陪孩子一同玩乐、一同学习"，是快乐成长与有效学习的不二法门。在生活中找到游戏的乐趣，在游戏中学习亲子互动的技巧，这样的想法和概念，正翻转着大家对于"科学原理"和"科学实验"的刻板印象。在厨房里，原本枯燥乏味的科学原理生动了起来，让亲子在小小的厨房里享受大大的乐趣。在游戏里，原本困扰人的亲子互动技巧活泼了起来，让亲子之间如同科学实验一般，总是充满各种不可能和惊喜的火花。父母的角色不再是令人抗拒和恐惧的权威，反而成为带来乐趣和惊喜的魔术师，让孩子们崇拜不已！

在科学游戏与亲子关系的世界里，没有不可能，只有越来越多的可能和创意。一起加入厨房里的科学游戏世界吧！

· 前 言 ·
写在游戏开始之前

　　许多家长或是孩子听到"科学"这一类的主题，总不由自主地联想到枯燥乏味的课本，或是感觉太过专业而遥不可及。相对的，当我们提到"厨房"时，相信辛苦的"煮妇、煮夫"们，一定觉得这是一个既熟悉又令人有点头疼的地方。如何把原本遥不可及的科学知识与生活化的厨房时光结合在一起？又如何可以让亲子关系、家庭活动因为这两个不同元素的结合，产生出多元的、充满创意的小小惊喜？

　　那就让我们从与生俱来的五种感官开始做起吧！

　　人的视觉、听觉、嗅觉、味觉、触觉，这五大感官，在生活经验与成长学习过程中，扮演着极为重要的角色。也因为这些感官能力是与生俱来的，所以家长往往会忽略对孩子感官开发的重要性，进而影响孩子未来的学习与发展！所以，何不让我们从生活经验开始出发，通过厨房里的科学游戏，鼓励孩子积累科学原理，更可以让孩子通过亲身体验，丰富在感官发展上的经验。

　　通过这样的家庭活动与亲子游戏，爸爸妈妈更加了解自家宝贝的互动与学习模式，为亲子互动与亲子沟通，建立渐具趣味的学习模式，相信一定会让亲子关系加分不少！

　　就让我们走进厨房，打开冰箱与橱柜，开启更加有创意的美好家庭生活吧！

科学游戏对孩子的影响如何？

　　厨房里的科学游戏，利用生活中常见的情境与随手可得的物品，不仅启发孩子的创造力，更让孩子有机会利用与生俱来的感官能力，体验视觉、触觉、听觉、味觉和嗅觉带来的奇妙乐趣，满足儿童对于感官经验的需求，培养他们运用多元感官的能力。

　　在游戏过程中，除了孩子与家长可以进行主题讨论与活动设计外，在生活情境中可以培养孩子的独立思考能力与环境观察能力，并且通过鼓励，在操作过程中，让孩子学习大小肌肉控制与肢体协调，训练专注力与稳定性。

　　创意的延伸和多功能的内容主题，让生活不只是生活。生活中的科学游戏，更可以是协助孩子成长发展的重要伙伴！

 爸妈如何陪伴孩子进行科学游戏？

　　如何让家庭互动与亲子关系更加稳定有趣，辛苦的爸爸妈妈们除了用心经营家庭生活之外，更需要发挥创意与巧思。在科学游戏中，通过观察与互动，引导孩子一步一步地建构思考脉络，帮助孩子有逻辑地规划游戏流程、有系统地进行，甚至可以鼓励孩子做有创意的观念开发与游戏延伸。

　　其实亲子互动模式，并不是只有权威式的指导或是放任式的自由。聪明睿智的父母们可以依据孩子的特质，采取渐进的观察模式，扩大范围与规则，给予孩子足够的发展空间与犯错权利。例如在本书中的引导策略与亲子互动中，我们让孩子充分体验生活中的种种感官与感受，在过程中逐步调整孩子的观念和态度。父母在陪同孩子成长的过程中，更加了解孩子，亲子关系与成长学习同时并行，一举多得！

孩子如何自己进行科学游戏?

孩子进入学龄阶段（六岁之后），总是拥有天马行空的丰富思考，这也是让许多爸爸妈妈担心的阶段之一：一方面希望孩子能够独立自主，另一方面却又担心孩子因为尝试过程中的失败而影响自信心。在成长过程中，父母扮演的主导角色，会随着孩子年龄增长，逐渐转换为陪伴与支持的角色。家长无法随时陪伴在孩子身边协助解决突发状况或人际冲突，却可以"在设定好的情境下先练习"，逐渐累积经验值和成功经验，这是一个很棒的方法！

厨房里的科学游戏除了有熟悉的生活场景之外，更可以把随手可得的食品，用于富有创意又兼具知识学习的游戏，让孩子在自我挑战中提高观察力和问题解决技巧。爸妈注意到孩子逐渐可以执行与完成游戏时，也不要忘记给予掌声，让孩子具有更多动力自我探索。倘若在进行游戏时，出现困难或是无法立即解决的事件，也请多给他们一点时间，告诉孩子"我们再试一次看看，放慢速度，解决问题"，鼓励孩子自我思辨与解决问题。当然，适度伸出援手是很重要的。最后，再来个大赞美和事件回顾，一定会让孩子做得更好，充满向前挑战的动力！

使用本书的注意事项

本书会依照味觉、视觉、听觉、嗅觉及触觉"五感"的主题，分成五大章节，并附上每个游戏适合操作的孩子年龄层，以及游戏的安全程度，让亲子互动能够通过安全又具启发性的科学游戏更加融洽有趣！

在每一个章节中的"亲子互动小学堂"，更加融入职能治疗师的分享。如何从简单的科学游戏中玩出默契一百分的亲子力，通过游戏教导孩子善于观察周围、观察并了解自我……这些都是爸爸妈妈善用游戏的思路哦！

CONTENTS
目录

生活中的科学飨宴	01
用科学游戏为亲子关系调味	02
写在游戏开始之前	03
科学游戏对孩子的影响如何？	04
爸妈如何陪伴孩子进行科学游戏？	04
孩子如何自己进行科学游戏？	05
使用本书的注意事项	05

CHAPTER 1
味觉系列

01 用科学做点心

游戏一：牛奶变酸奶	004
游戏二：食物会脱水	006
游戏三：甜甜的果酱	008
游戏四：夏天可乐冰沙	010
游戏五：在家做奶酪	012
游戏六：豆浆变变变	014

02 零食变变变

游戏一：洗手搓爱玉	020
游戏二：卷心菜变泡菜	022
游戏三：玩出蜂窝糖	024
游戏四：香 QQ 软糖	026
游戏五：酸甜水果醋	028
游戏六：不用火的料理	030

03 味觉会骗人

游戏一：调味分辨	036
游戏二：糖去哪里了	038
游戏三：口香糖隐形术	040
游戏四：炼乳甜心	042
游戏五：爆跳种子	044

CHAPTER 2
视觉系列

01 神奇魔术秀

游戏一：QQ醋蛋	050
游戏二：可乐吹气球	052
游戏三：麦片寻宝	054
游戏四：缤纷蝶豆花	056
游戏五：咖喱小画家	058
游戏六：水果发电机	060

02 营养都在食物里

游戏一：寻找维生素C	066
游戏二：淀粉藏在哪里	068
游戏三：闪亮洗铜水	070
游戏四：自制酸碱剂	072
游戏五：巫师的隐形墨水	074

03 食物全密码

游戏一：不生气的可乐	080
游戏二：水球钻进玻璃瓶	082
游戏三：胡椒沙画	084
游戏四：五彩食盐	086
游戏五：彩虹果汁塔	088

04 奇幻的视觉游戏

游戏一：橘子烟火	094
游戏二：一封神秘的信	096
游戏三：神奇抽水机	098
游戏四：热流走马灯	100
游戏五：漂浮彩色	102
游戏六：酱包潜水艇	104
游戏七：百变影子游戏	106

CHAPTER 3
听觉系列

01 资源回收魔法术

游戏一：旋转陀螺蛇	112
游戏二：公鸡喔喔啼	114
游戏三：谁是大声公	116
游戏四：吹奏吸管笛	118
游戏五：伸缩小喇叭	120

03 一场食物音乐会

游戏一：调音专家	140
游戏二：听风的声音	142
游戏三：声音的反射作用	144
游戏四：吸管排笛	146
游戏五：我把声音变大了	148

02 除了吃，还能玩

游戏一：绿豆摇铃	126
游戏二：玻璃音乐会	128
游戏三：汤匙大钟	130
游戏四：气压多多笛	132
游戏五：波浪肯特管	134

CHAPTER 4
嗅觉系列

01 这是什么味道？

游戏一：神奇蚊不叮	154
游戏二：气味闻香瓶	156
游戏三：我的造型香皂	158
游戏四：巧克力画糖	160
游戏五：不用水果的果汁	162

02 气味大变身

游戏一：咖啡除臭包	168
游戏二：橘子清洁剂	170
游戏三：蚊子远离我	172

03 我喜欢的味道是……

游戏一：动手做香水	178
游戏二：糖的香气	180
游戏三：我的香氛袋	182
游戏四："合香"的味道	184

CHAPTER 5
触觉系列

01 触觉大不同

游戏一：铁水传导线　　　190
游戏二：神奇纹身贴纸　　192
游戏三：气泡泡澡球　　　194
游戏四：化石的拓印　　　196
游戏五：超水感护手霜　　198
游戏六：玉米寒天蜡烛　　200

游戏五：打不进的面团　　214
游戏六：红豆暖暖包　　　216

03 怀念的古早味

游戏一：闪电吸铁　　　　222
游戏二：五彩转转盘　　　224
游戏三：豆豆沙包　　　　226
游戏四：跳跳钢弹　　　　228
游戏五：来玩一张纸　　　230
游戏六：塑料杯吊饰　　　232
游戏七：树枝上的平衡鸟　234

02 愉快的触觉

游戏一：热量去哪里　　　206
游戏二：杀菌干洗手液　　208
游戏三：自制灭火器　　　210
游戏四：微笑饭团　　　　212

CHAPTER 1
味觉系列

味觉系列

01 用科学做点心

随着现代人越来越注重营养与崇尚自然，许多家庭的饮食习惯逐渐加入轻食、DIY食材的概念。如同日常生活一样，爸妈总想着可以让孩子动手学习，进而在饮食中得到学习乐趣与美好经验。

那么，如何在随手可得的食物中获得学习与玩乐的双重感受？就从关于吃的科学游戏开始吧。

"好热啊,这整个夏天如果都这么热,一定会把我融化的……好想吃冰冰凉凉的水果冰沙和喝饮料啊!"下课回到家的甜甜和宝弟,一边擦汗一边对妈妈说。

"先把书包放好,然后去洗手,夏天更要注意肠病毒……顺便把校服换掉喔。"

"为什么妈妈都只在乎清洁和卫生啊?她都没有想要让我们尝试一点点'不健康'的事情吗?"

正从厨房走出来的爸爸听见姐弟两人的抱怨,笑着说:"卫生健康和营养都是很重要的事情,要自己提醒自己,怎么可以每天都让妈妈提醒你们呢?而且,你们错怪妈妈了,她可是为你们准备了消暑小惊喜呢!"姐弟俩大声叫着:"又是科学游戏时间了,爸爸妈妈我爱你们!"

妈妈笑着从冰箱里拿出橘子、苹果和草莓,桌上还放了牛奶、醋、食盐以及饮料罐。

"到底要做些什么呢?这些都是我们常见的食物啊,要怎样消暑呢?我想要的是冰冰凉凉的冰沙和饮料喔!"甜甜和宝弟疑惑地看着满桌再普通不过的材料。"游戏要开始啦,今天要和大家一起用食材做有趣的游戏!"

游戏 1

牛奶变酸奶

适玩年龄 4 岁以上

难易度

材料

电饭锅

小瓶酸奶

大瓶全脂鲜奶

消毒过并有盖的玻璃保鲜盒

注意事项

1. 一定要使用全脂牛奶。
2. 酸奶品牌不限,做出来后会跟原加入酸奶一样味道。
3. 电饭锅内必须要有支撑盘,避免保鲜盒和电饭锅直接接触。
4. 使用电饭锅插上插头后,电饭锅是保温的状态,不用压下加热开关,也不用倒水进去。
5. 密封可存放 4~5 天。

步骤

❶ 先将鲜奶全部倒入保鲜盒中。
❷ 接着再将酸奶也倒入保鲜盒中,与鲜奶搅拌混合,鲜奶与酸奶的比例为 3:1。
❸ 盖上保鲜盒盖子后,放进电饭锅中开启保温功能。
❹ 静置 6 小时即完成。

科学小教室

菌类的生长环境:

我们平常喝的酸奶其实是由牛奶发酵而成的。50℃左右是酸奶菌种最佳发酵的温度,而电饭锅在保温状态下大约就是这个温度,是培养菌种的绝佳环境!

游戏 2

食物会脱水

适玩年龄
5 岁以上

难易度
★ ☆ ☆

材料

大黄瓜切块 1 片

汤匙

透明塑料杯

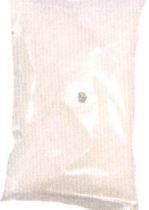
食盐 1 匙

注意事项

1. 本实验所需要的时间较长，建议预留 1 个小时以上观察。
2. 黄瓜水盐分较高，注意不要让孩子喝下。

步骤

❶ 用汤匙在切块的大黄瓜中间挖个洞，但不要挖到底。
❷ 把黄瓜放进塑料杯中，将食盐装进黄瓜中间挖出的洞里。
❸ 在常温下静置一段时间。
❹ 观察杯底是否有黄瓜脱出的水分。

 **科学小教室**

渗透作用：

我们家中常见的腌渍小菜，就是利用盐或糖等调味料让食物水分变少（脱水），或是以改变食物的酸碱性来保存食物的方式。在家不妨也试试看用盐或糖腌渍食物，会不会成功呢？

游戏 3

甜甜的果酱

适玩年龄
9 岁以上

难易度
★★☆

材料

柑橘 1 颗　搅拌棒　玻璃容器　砂糖　烧杯　酒精灯组

注意事项

1. 家中可利用电磁炉加热，较为安全。也可使用燃气炉和锅具取代酒精灯和烧杯，但务必一边加热一边搅拌，以免烧焦。
2. 可以挑选水分较少的水果（橘子、菠萝），实验时间较短。

步骤

❶ 将橘子剥皮后放入烧杯中。
❷ 用筷子或汤匙轻轻捣烂橘子。
❸ 烧杯放在陶瓷纤维网上加热,减少橘子的水分。
❹ 倒入砂糖,直至覆盖橘子,继续加热。
❺ 待橘子水分蒸发后,就会渐渐形成胶状,变成果酱。

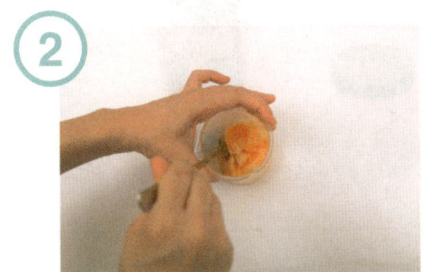

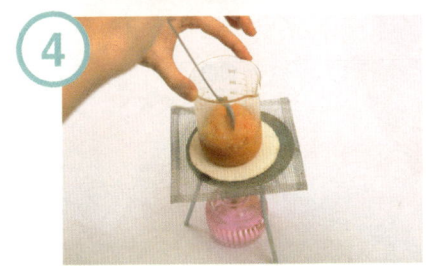

 **科学小教室**

腌渍:

在水果中加入大量的糖,主要是让水果达到"脱水"的效果。新鲜的食物会腐败是因为食物内有微生物生长,而缺乏水分的食物中,微生物自然无法生存,如此就能达到保存食物的目的了!因此制作好的果酱必须收纳在干燥且干净的玻璃罐中,以防腐坏。

游戏 4 夏天可乐冰沙

适玩年龄
9 岁以上

难易度
★★☆

材料

有盖密封罐（大） 可乐 有盖密封罐（小） 冰块 手套 食盐

注意事项

1. 食盐和冰块的重量比例以 1:3 混合效果最好，食盐如果太少，吸收的热量不够，会让冷剂的温度不够低；食盐如果加太多，水也无法溶解那么多食盐，因此 1:3 的比例比较合适。

2. 在冰块中加入食盐后，请戴上手套再开始摇晃密封罐，不然手很容易冻伤。

步骤

❶ 将可乐倒入小密封罐中一半容量的位置。

❷ 小密封罐盖子盖好,外围可以用胶带密封。

❸ 在大密封罐中加满冰块,洒上食盐。

❹ 将小密封罐放入大密封罐中,盖好盖子,戴上手套,摇动密封罐约 20 分钟。

❺ 取出小密封罐,好吃的可乐冰沙即完成。

科学小教室

溶液浓度对凝固点的影响:

食盐在溶解的过程中,会吸收外在的热量分解成钠离子和氯离子,而钠离子和氯离子在水中会阻碍水结冰。此时水就会降到零度以下,形成"过冷水"。

制作冰沙时,将食盐洒在冰块上,使冰块温度下降到约 $-21℃$,便可当作制冷剂让可乐结冻!

游戏 5

在家做奶酪

适玩年龄
9 岁以上

难易度
★ ☆ ☆

材料

全脂牛奶

柠檬

锅

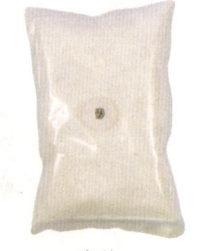
食盐

过滤袋

注意事项

1. 使用全脂牛奶的效果较佳。
2. 牛奶与柠檬汁以 10:1 的比例混和。
3. 牛奶加热温度约略到 70℃ 左右即可,不宜高温。
4. 挤奶酪时请小心,不要太用力。
5. 制作完成后若没冷藏保存,请当天食用完。

步骤

❶ 将全脂牛奶倒入锅中加热至 70℃。

❷ 将柠檬挤汁，与温牛奶以 1:10 的比例混合。

❸ 静置一段时间后，奶酪就产生了！此时，再用过滤袋将奶酪滤出。

❹ 最后可加入一点点食盐提味，即完成！

 **科学小教室**

蛋白质变性：

奶酪是牛奶浓缩而成的乳制品，其中包含牛奶大部分的养分。在牛奶中加入柠檬汁，可以让蛋白质变性而产生沉淀，这些沉淀物就是我们平常吃的奶酪哦！

游戏 6

豆浆变变变

适玩年龄
9 岁以上

难易度
★★☆

材料

锅

洋菜条（别名琼脂、石花菜）8g　　豆浆 300ml　　杯子

注意事项

1. 在加热豆浆时，务必不断搅拌，否则容易烧焦。
2. 等待冷却时可以将溶液放入冰箱，加速冷却。
3. 若要使用洋菜粉，注意与洋菜条的用量比例不同，请参考洋菜粉的外包装。

步骤

❶ 将豆浆倒入锅中。

❷ 再将洋菜条全部加入。

❸ 将锅拿到燃气炉或电磁炉上加热，直到洋菜条完全溶解。

❹ 将其倒入杯中，待其冷却，洋菜豆花就完成了！

 **科学小教室**

凝胶作用：

洋菜是一种植物性的凝胶，是从海藻中萃取出来的。将洋菜加热溶解于豆浆中，可以使豆浆在冷却时完全凝固，形成类似豆花的样子！

注：一般传统豆花的做法，是在豆浆里面加入熟石膏粉，成分完全不同哦！

亲子互动小学堂
Parent-child Interaction Area

在家庭分工与角色定位上，大部分的妈妈总扮演管理清洁卫生、生活习惯的重要角色。但这样一个角色却总是吃力不讨好，会让孩子觉得"好啰唆啊，我想要吃点冰凉的东西要被数落，妈妈总爱管东管西……"这个角色真难当。

家长可以理解饮食健康的重要，但偶尔也可以让孩子体会一下尝尝不健康食物的新鲜感。因此，适度调整家中饮食模式，不仅可以通过季节变迁而让孩子有更多不同饮食经验，也可以利用科学游戏增进亲子关系。

小小建议给爸妈："让孩子决定自己想要长成的样子。"也就是说，当孩子想要吃冰品而不吃正餐时，爸妈可以和孩子沟通，不吃正餐会没有足够营养长大，吃太多冰品可能会咳嗽，让孩子自己决定想要变成什么样子。当孩子觉得自己太矮，希望自己可以长高一些的时候，爸妈或许可以让孩子知道营养均衡是很重要的。如果一直咳嗽又要去看医生，吃药又会很痛苦，相信孩子可以自己作决定，并且学习为自己的决定负责任。

甜甜爸妈发挥巧思，不但顺利解决孩子想要吃冰品饮料的问题，更让家中常见的水果食物大变身，成为具有趣味性的新宠儿，也让孩子拥有更多美好的饮食经验，真是一举多得。

笔记栏

味觉系列

02 零食变变变

相信每一个大朋友都可以理解甜食对孩子来说有多大的吸引力,虽然我们都知道这不是一种健康的食物。但当面对琳琅满目、包装精美的糖果饼干,以及孩子的小小渴望和祈求眼神,身为父母的你我会如何应对呢?若能利用看到的材料,在不添加其他化学物品的前提下做出美味的甜食,相信我们都会愿意满足孩子的小小渴望。现在就来想想要如何实现这么一个有趣的活动吧。

家庭大采购的日子又到了,甜甜一家人正愉快地走在商场中。

"我想要买这个软糖。下星期班上有生日会,我可以带一大包到班上跟同学分享吗?"甜甜用祈求和渴望的眼神看着爸爸。

"我也好想要吃棉花糖。上次我们去游乐园也有买,可以再买给我吗?"接下来是宝弟的撒娇攻势。

看着甜甜妈脸上露出为难的表情,爸爸赶紧过来打圆场:"妈妈是担心你们吃太多甜食对健康不好,所以我们来想一个办法吧。"甜甜爸带着孩子们走向果汁柜台,买了果汁,又到调味料区买了果糖、制作果冻的鱼胶、食用明胶和小苏打粉,同时也准备了水果等食材。

"我们来制作属于自己的甜食和小零嘴吧!这样不但可请同学吃,也可以趁机跟大家一起玩玩甜食科学游戏。"爸爸带着一脸神秘又得意的表情说。

游戏 1

洗手搓爱玉

适玩年龄
5 岁以上

难易度
★★☆

材料

糖

过滤袋（或棉布袋）

碗

爱玉子一小匙

柠檬

注意事项

1. 搓揉爱玉子时请使用冷水，热水会影响效果。
2. 可以使用一般的白开水、矿泉水甚至是山泉水；纯水以及去离子水因为缺少钙离子，所以无法形成爱玉。
3. 操作前务必洗手，因为手上的油脂会影响爱玉成形。
4. 若是搓揉的时间延长，爱玉可能会在手上直接成形。

步骤

❶ 将一小匙爱玉子放入过滤袋中，将袋口绑紧。
❷ 将过滤袋放入冷水里浸湿后搓揉，会感受到黏黏滑滑的果胶。
❸ 搓揉至水呈茶色黏稠状即可静置。
❹ 常温下静置20～30分钟，爱玉会结冻。将糖调成糖水，柠檬挤汁，加入结冻的爱玉，可口的爱玉柠檬就完成了。

 **科学小教室**

凝胶作用：

爱玉子是台湾地区特有的植物，生长在海拔1500米以下的山区。树上椭圆形、外皮绿色且有白色斑点的，是爱玉的隐花果，并不是真正的果实哦！

爱玉子的表层有许多被称为"果胶酯"的酶素，在揉搓爱玉子时，这种酶素会促进果胶分子与水中的矿物质（钙离子）结合，产生"凝胶作用"，所以会形成结冻的爱玉。

游戏 2 卷心菜变泡菜

适玩年龄
5 岁以上

难易度
★ ☆ ☆

材料

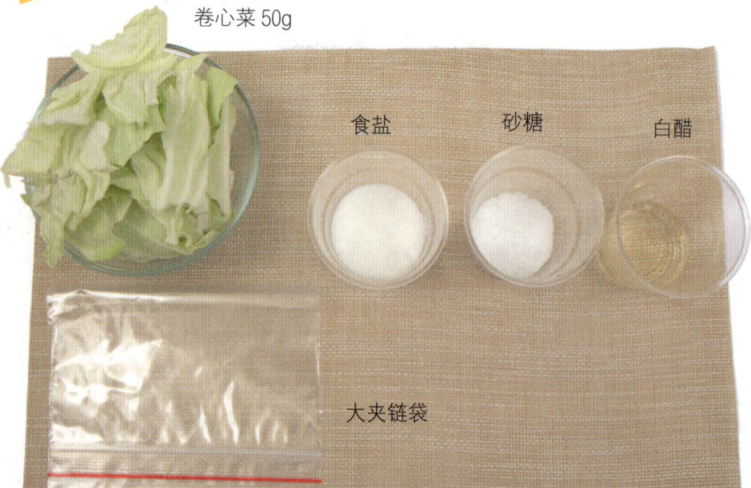

卷心菜 50g
食盐
砂糖
白醋
大夹链袋

注意事项

1. 做好的泡菜再放置几天，味道会更好哦。
2. 若另外加入胡萝卜丝以及香油，可增添香气。

步骤

❶ 将切好的卷心菜放入夹链袋中。
❷ 将食盐、砂糖、白醋依照 1:3:3 的比例倒入。
❸ 夹链袋密封后，上下摇晃，均匀混和。
❹ 在常温下静置约一天，泡菜就完成了！

 **科学小教室**

渗透作用：

这个实验与前面黄瓜脱水和制作果酱的原理一样，食物会腐败的原因是环境中出现微生物，用食盐或砂糖腌渍食物，可以去除食物中多余的水分，使微生物无法生存，从而延长食物的保存期限。世界上许多美味菜肴，就是利用此特性延伸变化而成的哦！

游戏 3 玩出蜂窝糖

适玩年龄 **9岁以上**

难易度 ★★★

材料

- 砂糖（或白糖）
- 酒精灯组（或电磁炉）
- 小苏打粉
- 钢杯
- 手套
- 鸡蛋1颗

注意事项

1. 注意加入小苏打粉的时机。如果加热后的糖不够黏稠，会膨胀不起来。
2. 加入蛋白的小苏打，可以提高椪糖的成功率。
3. 做实验时建议全程戴手套，注意安全。
4. 椪糖成功后，若想要取出，可以在钢杯杯底加热，使糖不会黏住杯底。

步骤

❶ 在钢杯中倒入少许糖与 1 汤匙的水（水将糖盖过即可）。

❷ 打 1 个鸡蛋，分离出蛋白。将 12 克的小苏打粉与 2 匙蛋白混和备用。

❸ 加热到糖水沸腾，至水分蒸发。

❹ 稍微冷却后，用搅拌棒轻沾加入蛋白的小苏打粉后快速搅拌。

❺ 搅拌至糖开始膨胀便可以停止，等待膨胀冷却即完成。

 **科学小教室**

小苏打受热分解：

将糖加热到溶化后再加入小苏打粉，此时小苏打粉会因为受热而分解出二氧化碳。二氧化碳便会使正在冷却的糖向外鼓起膨胀，等到冷却后就形成美味又让人怀念的蜂窝椪糖了！

游戏 4 香QQ软糖

适玩年龄
9岁以上

难易度
★☆☆

材料

任意口味果汁 / 明胶 / 锅 / 耐热容器 / 细砂糖

注意事项

1. 明胶是由动物骨头所制成的，所以素食者请勿食用。
2. 冷却时可以将其放入冰箱，以加速完成。
3. 明胶片/明胶粉的比例，可以按照包装上的说明添加。

步骤

❶ 先将明胶撕成片状，泡入冰水中 5~6 分钟，泡软备用。
❷ 将果汁倒入锅中加热。
❸ 果汁沸腾后，加入泡软的明胶，搅拌至融化。
❹ 将步骤 3 倒入耐热容器中等待冷却。冷却后洒上砂糖即完成。

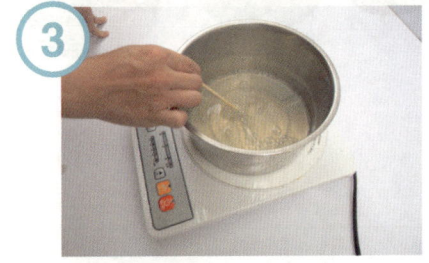

 **科学小教室**

凝胶作用：

明胶主要是由动物骨头的胶原蛋白制成。胶原蛋白是由氨基酸细长分子缠绕而成，具有韧性，不易溶于水中。但是当明胶加热后，细长的分子就会被分解，并可溶于水中，等到冷却后，胶原蛋白又会变回缠绕状态，此时便开始重新凝固。

游戏 5

酸甜水果醋

适玩年龄 **12** 岁以上

难易度 ★★★

材料

冰糖　水果　玻璃罐　白醋

注意事项

1. 若是水果或罐子没有充分洗净或干燥，水果醋就不能久放，否则实验容易失败。
2. 可换成其他的水果试试看。水果尽量切成薄片，反应效果较好。
3. 制作水果醋，请使用玻璃容器。

步骤

❶ 将柠檬洗净后自然风干。
❷ 将切片的柠檬放入干净的瓶子中。
❸ 再将白醋、冰糖放入玻璃瓶内,三样物品的大致比例是 1:1:1。
❹ 最后封紧盖子,放置约三个月后就可食用。

 **科学小教室**

醋的制作:

醋是酒精与氧气经由醋酸菌发酵反应所产出的物质。我们可以利用醋酸与果、糖的特性来制作出有水果香味、酸酸甜甜的水果醋。

游戏 6

不用火的料理

适玩年龄
9 岁以上

难易度
★★☆

材料

铝箔盒 2 个

氧化钙　　　水　　　鸡蛋

注意事项

1. 氧化钙遇到水会放热,小心不要接触到眼睛。
2. 水的量不可太多,以免热量被水吸收而温度不够。
3. 尽量选择易熟的食材,以免半生不熟。也可直接加热调理包,确认食品皆为熟食。
4. 若买不到氧化钙,可以找食品包装内部的除湿包,有的成分是氧化钙。

步骤

❶ 取出一个铝箔盒,倒入氧化钙,并且铺平。

❷ 在氧化钙中倒入一些水,使其潮湿,等待大约3分钟,氧化钙开始放出热量。

❸ 将鸡蛋打在另一个铝箔盒中,并叠放在氧化钙上方。

❹ 氧化钙放出的热量将蛋煎熟了!

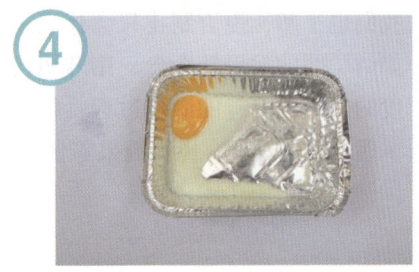

 **氧化钙的放热反应:**

当氧化钙碰到水时会发生化学反应,形成氢氧化钙并产生大量的热,造成温度上升。在这种情况下,此高温便可以拿来烹饪食物!从前在战争时,由于无法开火烹饪,所以有一些战备粮食便是使用氧化钙来进行加热的。

亲子互动小学堂
Parent-child Interaction Area

相信"糖果、饼干、巧克力"这些令孩子着迷不已的食品，总是让父母苦恼不已。这些食物明明对于孩子的健康没有好处，但孩子就是摆脱不了这些零食的诱惑。

其实回想我们小时候，也都拥有关于零食的美好回忆。因此理解孩子的感受，是很重要的第一步。与其制止孩子去吃糖果零食，不如让孩子先了解这些糖果零食的制作过程与材料，看看对于自己的健康是否有害。

我们也了解，强力制止只会让亲子关系受影响，让孩子更想要去吃。与其这样，不如请聪明的父母转个念，用开明代替制止责骂，为家庭关系更添美好回忆。通过适度的开放与有趣的制作过程，相信可以让孩子除了体验动手做的乐趣之外，更可以掌握自己的饮食，懂得糖果零食背后的意义，真是一举多得。

笔记栏

味觉系列

03 味觉会骗人

"味觉"总在生活中扮演分辨口味、辨别喜好的重要角色。可是,味觉是固定的吗?对于食品的口感会不会因为心情、配料而改变呢?食物会不会欺骗你的味觉呢?
在味觉游戏里,我们将带来不同的感觉经验,利用小小科学改变对于味觉的既定印象,也让孩子在面对与自己的预期"不一样"的结果时,学习接受并调整自己的情绪。那就一起在科学世界中学习吧!

"妈妈,我们今天晚上吃什么?昨天你答应我要做咖喱饭给我吃,你应该没有忘记吧?"放学回到家的宝弟,满心期待地冲到厨房。妈妈笑着对他说:"没忘,而且我今天准备了特殊口味的咖喱,先去洗手等爸爸和姐姐回来,我们一起吃饭吧!"

餐桌上的一家人正开心地享受妈妈准备的丰盛晚餐,却看见宝弟皱着眉、摇摇头对妈妈说:"我不要吃这样的咖喱饭,没有辣辣的味道,反而吃起来有奶油味,吃起来好怪……"此时妈妈的脸上也浮现出不悦的表情。眼看着美好的晚餐气氛要被破坏,爸爸立刻对甜甜和宝弟说:"每一种食物都会有不同的味道,还记得我们之前玩的科学游戏吗?味觉是可以被改变的,我们都要试着去接受不同的口感和味道。"

妈妈这时候也附带说明:"这种咖喱是南洋口味的咖喱,会带有椰子和牛奶的香味,吃起来有点甜甜的,并不是咖喱坏了或是妈妈做得不好。"甜甜也随声附和,唱起《摇摇屁股》,把大家都逗笑了:"这种南洋口味的咖喱,吃起来就像在椰子树下跳舞呢!"

游戏 1

调味分辨

材料

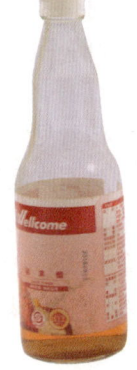
白醋

咖喱粉

胡椒

辣椒油

枫糖

适玩年龄
3 岁以上

难易度
★★☆

注意事项

1. 爸爸妈妈可以先准备白开水在旁边，若小朋友尝试后感到不适，可以马上喝温水漱口吐掉。
2. 可以加入其他调味料配合实验。

步骤

❶ 将各调味料放入不同的杯子中。
❷ 让孩子用竹筷各沾一点点品尝,看看这些调味料的滋味在哪些料理出现过。
❸ 试着用味觉将佐料特色品出来,并想想可能适合什么料理。

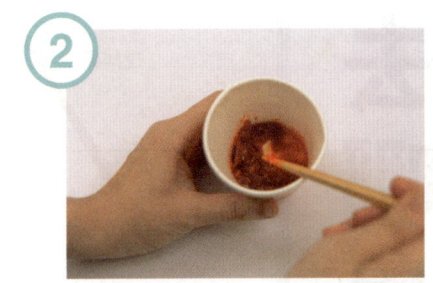

 **科学小教室**

舌头上的味蕾:

我们的味觉是从那里来的呢?由于舌头上有超过一万多个味蕾,通过味蕾才能尝出"酸、甜、苦、咸、鲜"等味道。不同味蕾分布在舌头上的不同位置,对于不同味道的敏感度也不同,例如舌尖上的味蕾就是对甜的味道特别敏感呢!

注:大家常感受到的"辣",事实上并不是味觉,它是神经受刺激而感受到的,所以辣其实是痛觉呢!

游戏

糖去哪里了

适玩年龄
3 岁以上

难易度
★☆☆

材料

搅拌棒　　白开水　　砂糖

注意事项

1. 砂糖一次不要加太多。请用小汤匙加，才能测试出结果哦！

 **步骤**

❶ 准备 1 杯冷水和 1 杯 100 毫升的温水（水温约 40℃）。

❷ 在两杯水中，分别加入 1 匙砂糖并搅拌，看看有什么变化。

❸ 之后再分别依次加入 3 匙、5 匙砂糖。

❹ 看看最后哪一杯水中会有沉淀物无法溶解。

 **科学小教室**

饱和现象：

很多物质都可以在水中溶解，比如糖、盐等。但当物质超过水能溶解的分量，就不再溶解，我们称这个现象为"饱和"。然而温度升高，可以提高水的溶解度，所以能让更多砂糖溶于水中哦！

游戏 3

口香糖隐形术

适玩年龄
6 岁以上

难易度
★☆☆

材料

巧克力
钢杯

口香糖

酒精灯组（或电磁炉、燃气炉）

注意事项

1. 酒精灯组也可用电磁炉或燃气炉替代，钢杯可用锅替代。
2. 使用食用油或是土豆片代替巧克力，也有同样效果。
3. 口香糖在这个实验中只是溶解，并没有消失，所以请注意不要让孩童误食。

步骤

❶ 先将巧克力倒入钢杯，捣碎。
❷ 将捣碎后的巧克力加热到些微融化。
❸ 将口香糖放入巧克力中，然后搅拌。
❹ 观察口香糖是否溶解。

 **科学小教室**

物质间的溶解：

市面上的口香糖或是一些泡泡糖里面，会含有口香胶或是食用胶成分；而巧克力里面含有植物油脂，可以溶解掉这些成分，使得口香糖消失。

注：食物只要含有植物油脂成分，都可以代替巧克力进行实验哦！

游戏 4 炼乳甜心

适玩年龄 **9岁以上**

难易度

材料

牛奶

白糖

锅

注意事项

1. 牛奶加热时，可以用温度计测量，温度到80℃左右即可静置降温。

2. 制作完成后需冷藏保存，食用期限约1星期左右。请尽快食用完。

步骤

❶ 将 100 毫升牛奶倒入锅中。

❷ 锅中再倒入 35 克砂糖。

❸ 开启加热装置,均匀搅拌至糖溶解。

❹ 牛奶会由白色慢慢变成乳黄色,在牛奶量约剩一半后,放在室温下慢慢冷却。

❺ 冷却后装进干燥的玻璃罐中保存,就是可以食用的炼乳啦!

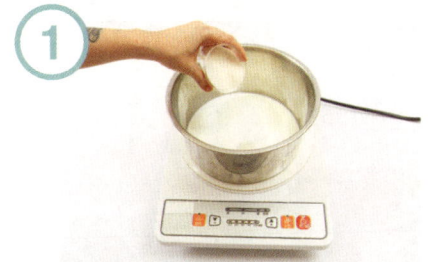

 **科学小教室**

微生物的生长环境:

炼乳是在牛奶里面加入糖,经过高温加热浓缩至黏稠状而成的。微生物生长最适宜的温度在 16~30℃,而高温会将牛奶里面的微生物杀光。加热还会减少牛奶中的水分,而水分子是微生物繁殖和生存的必需品。所以炼乳可以比牛奶保存更久。

游戏 **5**

爆跳种子

适玩年龄
6 岁以上

难易度
★★☆

材料

玉米粒、红豆、绿豆、薏仁、花生、大米

食用油、烧杯

酒精灯组

铝箔纸

手套

注意事项

1. 食用油用量只要能盖过种子即可,让种子均匀受热。
2. 使用铝箔纸包覆烧杯是为了避免种子弹出烧杯。
3. 刚加热完的烧杯温度非常高,请勿直接冲冷水,否则容易破裂,产生危险。
4. 家中可用其他加热方式,如电磁炉或燃气炉。

 **步骤**

❶ 将食用油倒入烧杯中。
❷ 将烧杯放在陶瓷纤维网上。
❸ 将不同的豆类、谷类放入同一个烧杯中（为防止烧焦，可晃动一下烧杯，使受热均匀）。
❹ 将烧杯用铝箔纸包好，开始加热后，观察哪些种子会爆开。

 **科学小教室**

压力造成的气爆：

通过加热，玉米内的水分变成水蒸气，同时玉米粒内的胚乳含有大量淀粉，受热后也会软化。当外壳受到水蒸气影响不断膨胀，使内部压力越来越大，硬硬的外壳承受不住时便会爆开，就成了爆米花。反观像红豆与绿豆等双子叶植物，子叶间有缝隙可让水蒸气往外跑，不会产生因压力变大而爆开的现象。

注：在这些种子中，会爆开的只有玉米和薏仁哟！你们发现了吗？

亲子互动小学堂
Parent-child Interaction Area

相信许多爸妈常常会遇到孩子"坚持己见""固执难改变"这一类问题，觉得很棘手、难处理。也许会有人觉得孩子的性格和个性是天生的，难以改变。但是，爸妈也可以回过头想想，如果我们在孩子形成个性与性格的初期，给予更多的变化性和弹性空间，那么相对的，孩子是否就具有更大的调整空间呢？

通过今天甜甜家中发生的小故事，搭配科学游戏，爸妈会发现，当我们在处理孩子情绪以及此类沟通问题的时候，先站在孩子的立场缓和情绪，接下来再搭配与孩子生活经验相关的说明和游戏。多尝试几次之后，您会发现孩子们并非无法被调整，只是欠缺更多经验和时间而已。

我们不也需要更多元且多变化的科学游戏，来丰富孩子的生命经验吗？一起来玩科学游戏吧！

CHAPTER

视觉系列

2

视觉系列

01 神奇魔术秀

冰箱中有的食物与饮料，都是可以用来完成科学游戏的有趣素材哦！食物在科学游戏中所呈现出来的颜色变化、形状改变，会产生令人惊艳不已的结果，更为亲子生活增添更加丰富有趣的元素！

"糟糕了,又忘记喝牛奶,牛奶过期了!等一下一定会被妈妈批评一顿……"打开冰箱的甜甜有点紧张,看着大约还剩下 1/3 瓶的牛奶发呆。经过厨房的爸爸看见了有点焦虑又无奈的甜甜,走过去问了原因。

"不用担心妈妈骂你了,我们用这些过期的牛奶来变魔术吧!"

"变魔术?"甜甜看着爸爸,面露疑惑。

爸爸笑着说:"除了牛奶之外,冰箱里的可乐、昨晚大家一起做的咖喱、水果、妈妈最爱的麦片,都是可以用来做科学游戏的哦。"

路过的宝弟听到了,也嚷着要加入。

"我们邀请妈妈一起来参加我们的魔术秀吧!"满脸疑惑的甜甜鼓起勇气,邀请妈妈进入厨房,"要变什么魔法呢?"

游戏

QQ醋蛋

适玩年龄
6岁以上

难易度
★☆☆

材料

白醋
玻璃罐子
生鸡蛋

注意事项

1. 醋蛋只有一层薄膜保护,非常的脆弱,孩子操作实验时要小心。
2. 可以用水果醋和白醋比较鸡蛋外壳溶解的时间。
3. 醋蛋虽可食用,但不建议儿童及肠胃疾病患者食用。

步骤

❶ 将鸡蛋洗干净后，放入玻璃瓶中。
❷ 倒入白醋，使鸡蛋完全被醋淹没。
❸ 静置约 3～4 日，在此期间可每日观察鸡蛋的变化。
❹ 将鸡蛋取出，用水轻轻搓蛋壳，鸡蛋将呈现透明状。
❺ 将完成的醋蛋与一般鸡蛋作比较，看看大小是不是有变化了呢？

 **科学小教室**

半透膜原理：

由于蛋壳的成分是碳酸钙，遇到醋酸即会被分解。而当鸡蛋的外壳被分解之后，底下的内膜为半透膜材质，由于薄膜内外浓度不相同，造成渗透压不等，因此醋会跑入鸡蛋里，使鸡蛋变大。

游戏 2

可乐吹气球

适玩年龄
3 岁以上

难易度
★☆☆

材料

可乐

气球

注意事项

1. 本实验若没有安装好气球，可能会造成可乐喷发溢出，建议到室外或浴室进行实验，以免弄脏屋子。
2. 可以尝试使用不同的碳酸饮料来充气比较。

步骤

❶ 将可乐打开，套上气球封住瓶口。
❷ 抓紧气球，摇动可乐，使二氧化碳释放出来。
❸ 等气球不再变大时，将气球取下绑好。
❹ 另吹一个普通气球，比较两个气球的下落速度。

 **科学小教室**

碳酸化原理：

为了增加饮用时的口感，将大量的二氧化碳加压溶入饮料中，形成碳酸饮料。因此当我们摇晃瓶身时，会使得多余且不稳定的二氧化碳释放出来，就可以借此来充饱气球了。

游戏 3

麦片寻宝

适玩年龄
3 岁以上

难易度
★☆☆

材料

温水　麦片　强力磁铁　夹链袋

注意事项

1. 麦片放入热水会氧化得比较快，效果比较好。
2. 若实验完清理麦片时，勿倒洗手台，请倒马桶。
3. 可以使用双层夹链袋，以防破掉。

步骤

❶ 将麦片捣碎。

❷ 将捣碎的麦片倒入夹链袋里,再将温水也倒入夹链袋中。

❸ 将麦片和水搓揉混合,放置1小时。

❹ 拿强力磁铁吸吸麦片,看看麦片(含有氧化铁)是否会被吸起来。

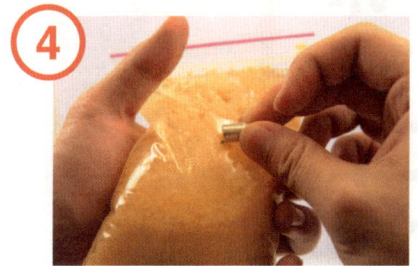

 **科学小教室**

磁性:

麦片中含有"铁",想必很多人都不知道吧!市面上有些一碗早餐分量的麦片,其铁含量高达每日营养需求的60%。麦片中的铁质含量非常高,所以会被磁铁吸起。

游戏 4

缤纷蝶豆花

适玩年龄
5 岁以上

难易度
★☆☆

材料

塑料瓶
汽水
杯子
蝶豆花
冰块

注意事项

1. 材料中的汽水可以自行调整成孩子喜欢的饮品。
2. 怀孕妇女或刚开完刀尚有伤口的病人，不建议饮用蝶豆花水。
3. 若是添加的顺序颠倒，可能会造成饮料无法出现渐层效果。

步骤

❶ 将蝶豆花丢入杯中并注入热水，观察热水慢慢变成蓝紫色。
❷ 在塑料瓶中加入大约半瓶的汽水，再将冰块丢入塑料瓶中。
❸ 最后将蝶豆花溶液缓缓倒入塑料瓶中。
❹ 清凉的渐层饮料制作完成！

科学小教室

指示剂：

蝶豆花里含有大量的"花青素"。花青素是一种天然的酸碱指示剂，当它碰到汽水等弱酸性的饮品时，会使其变成天空蓝的颜色，所以在浸泡时可以将水染成蓝紫色，十分美丽！

游戏 5

咖喱小画家

适玩年龄
6 岁以上

难易度
★☆☆

材料

纱布　咖喱粉　柠檬　肥皂（或小苏打粉）

注意事项

1. 实验染完布后可以用肥皂或小苏打水作画，也可以整条布放入肥皂水（小苏打水）后，用柠檬汁来作画，可增加此实验的变化性。

2. 咖喱若是滴到衣物上较难清洗，请尽量穿着围裙或深色衣服。

步骤

① 将咖喱粉倒入热水中，纱布浸泡在热水中约10分钟，直到呈现黄色。
② 浸泡完后，用清水把多余的咖喱粉冲干净。
③ 用肥皂就可以在布上直接作画。
④ 柠檬挤汁，可以充当橡皮擦，将画错的地方擦掉。
⑤ 作过画的纱布，使用清水将布上的肥皂及柠檬汁清洗干净，就可以重复使用了！

 **酸碱指示剂：**

咖喱粉中的姜黄除了当作咖喱饭中的色素及调味之外，也是常见的天然酸碱指示剂哦！当姜黄碰到碱性物质（如小苏打粉或肥皂）时会呈现红色。我们可以利用咖喱粉泡过的纱布当作画纸、碱性物质当作画笔，就可以在布上画出一幅幅美丽的图画啦！

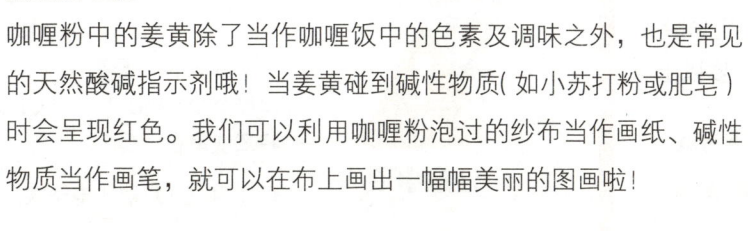

游戏

水果发电机

适玩年龄
10 岁以上

难易度
★★★

材料

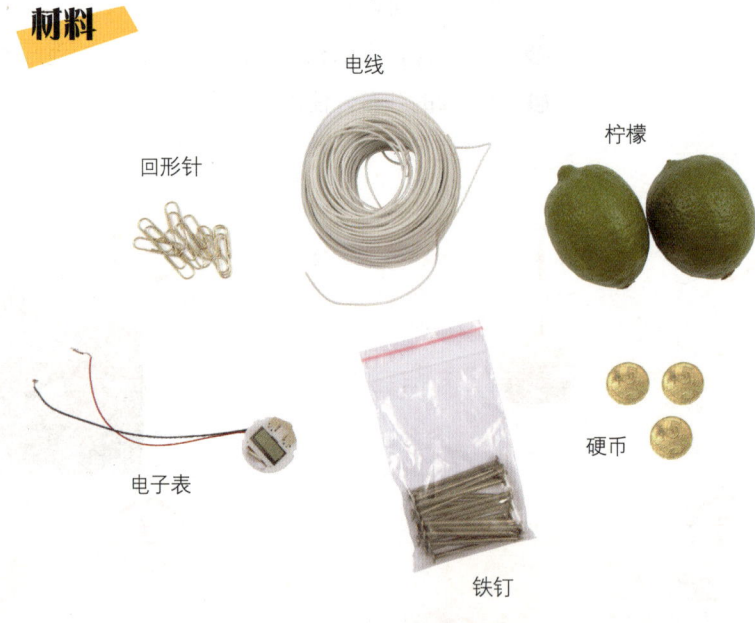

回形针　电线　柠檬　电子表　硬币　铁钉

注意事项

1. 本实验难度较高，同一块柠檬上的铁钉与硬币不可接在一起。
2. 一块柠檬的电压较小，可能不足以成功发电，需要串联至少3块以上（一块的铁钉接上另一块的硬币，将三块串在一起）。
3. 可以用 LED 灯取代电子表。
4. 柠檬尽量选择多汁的，若是柠檬太干会影响实验结果。

步骤

❶ 将柠檬对切成两半。分别将铁钉与硬币插入柠檬中。
❷ 利用回形针将一半柠檬上的铁钉与另一半柠檬上的硬币用电线连接。
❸ 将另一根铁钉接上电子表的短脚（负极），另一枚硬币接上电子表的长脚（正极）。
❹ 观察电子表是否成功通电。

**科学小教室**

氧化还原：

将两个活性不同的金属放在一起，会有电子交换的情况发生。这个实验利用柠檬汁当作电解液来沟通电路，使电子能够顺利地移动。电子的移动便是所谓的"电流"，进而给电子表通电。

亲子互动小学堂
Parent-child Interaction Area

如同甜甜一打开冰箱时的反应，相信许多爸爸妈妈会因为孩子的粗心、浪费食物而责怪孩子。其实，每个人都有粗心忘事的时候。除了利用各种提醒，如把小备忘录放在孩子容易看得到的地方，也可以培养孩子吃或喝东西前，先观察并且记住保存期限的习惯。这也是一种视觉观察的训练哦！

甜甜爸利用创意巧思，一方面解决甜甜心中的焦虑，另一方面也让甜甜妈学习用另外一种态度和眼光面对孩子的粗心。建议爸妈在面对孩子的行为而产生情绪的当下，可以记住以下口诀：S（Stop）、T（Think）、D（Do）。利用科学游戏调和家庭可能的冲突，真是一举多得！

在生活中找寻许多创意，将既定的规则（如过期的牛奶要丢掉）做创意的发想（如牛奶调色盘），让生活更加有趣，亲子关系更融洽。

笔记栏

视觉系列

02 营养都在食物里

父母面对孩子挑食总是苦恼的，总是觉得某些东西有营养，所以希望孩子一定要摄取。相信爸妈的出发点一定是好的、善意的，但"挑食"这个议题总会让亲子关系产生不愉快。左右为难的父母们，要用什么样的巧思和创意来吸引孩子目光呢？

放学后的甜甜和宝弟走在回家的路上,遇见手提大包小包的妈妈。

"我们来帮你拿吧。哇,好重,妈妈你买这么多的水果做什么?"接过购物袋的甜甜看见里面有她最讨厌的杨桃和橙子,口中不禁喃喃念着:"又要逼我们吃不喜欢的水果了。"

晚饭餐桌上爸爸看见心情不大好的甜甜,又听见妈妈在一旁说:"你们两个真的要惜福,不可以挑食,有食物可以吃要懂得珍惜。现在正值成长期,要补充身体所需要的维生素C和各种营养素……"

眼见餐桌上气氛越来越凝重,爸爸灵机一动,看着妈妈准备的丰富水果盘,对大家说:"维生素C真的很重要。除了这些富含维生素的水果,生活中还有很多具有酸性和碱性的食物。我们一起来找找维生素C和各种酸性碱性的东西吧。这样吃东西会更有趣。"

游戏 1

寻找维生素 C

适玩年龄
3 岁以上

难易度
★☆☆

材料

优碘

维生素 C 片

水 100ml

维他命 C 饮料

绿茶

注意事项

实验后，由于所有饮品皆有碘溶解在其中，所以不可饮用！

 **步骤**

❶ 准备3杯水，将优碘分别滴入水中，即完成"测试杯"。

❷ 将维生素C放入第一个"测试杯"中搅拌，观察变化，溶液是否会变回透明无色。

❸ 将番石榴汁倒入第二个"测试杯"中，观察变化。

❹ 最后，将绿茶倒入第三个"测试杯"中，观察变化。（因绿茶中含有氧化剂，"测试杯"中的溶液颜色会变淡，剩下茶叶色。）

氧化还原反应：

我们常听到的维生素C又称为"抗坏血酸"，它是一种还原剂，容易被氧化成去氢型的抗坏血酸。当碘液接触到维生素C时，便会被还原成透明无色的碘离子，造成整杯液体颜色由褐色转变为无色，像在变魔术一样。

游戏 2
淀粉藏在哪里

适玩年龄
3 岁以上

难易度
★☆☆

材料

太白粉

低筋面粉

糯米粉

优碘

注意事项

1. 若是颜色变化不明显，可以将淀粉泡成水溶液后再进行检验。
2. 优碘若是不小心滴到衣物上，可以使用维生素 C 将颜色去除。

步骤

❶ 将不同类型的淀粉放些在桌上。
❷ 将优碘加入太白粉中，观察两者作用后颜色的变化。
❸ 将优碘加入低筋面粉中，观察两者作用后颜色的变化。
❹ 将优碘加入糯米粉中，观察两者作用后颜色的变化。

太白粉

低筋面粉

糯米粉

 **科学小教室**

氧化还原反应：

淀粉是多糖类的一种，淀粉分子结构可分为"直链淀粉"和"支链淀粉"两种。

"直链淀粉"遇到碘液会变蓝色，而"支链淀粉"的分支长度只有20～30个葡萄糖基，与碘液作用呈紫红色，支链越多会越偏红。因此可以利用这个性质检验物质中是否有淀粉存在。

游戏 3

闪亮洗铜水

适玩年龄
6 岁以上

难易度
★☆☆

材料

旧的五角硬币　柠檬汁　可乐　醋　小苏打粉

注意事项

1. 泡过硬币的饮料不可饮用。
2. 可以调整硬币浸泡的时间，观察效果有什么不同。
3. 泡过之后的硬币务必擦干，否则可能会变色。

步骤

❶ 将小苏打粉加水，形成小苏打水溶液。
❷ 将旧的五角硬币分别放入醋、小苏打水、可乐、柠檬汁中。
❸ 将硬币浸泡一段时间后，取出擦拭。
❹ 擦拭硬币表面，观察浸泡后的硬币与浸泡前有何差异、不同溶液会有什么不同效果。

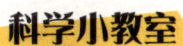

酸与金属氧化物：

五角硬币的成分中含有铜。铜放久了之后，表面会与空气中的氧气结合，形成黑黑的氧化铜。

所以当我们把黑黑脏脏的硬币放入上述溶液里时，表面黑色的氧化物会与酸性溶液产生反应，让氧化物能够被清洗掉。

游戏 4

自制酸碱剂

适玩年龄
6 岁以上

难易度
★★☆

材料

试管

紫甘蓝

石灰水　小苏打水　白醋　柠檬汁　滴管

注意事项

1. 测试溶液可以调整，但请勿让孩子使用强酸强碱。
2. 本实验用到酸与碱溶液，若碰到伤口会有刺激性，务必小心。
3. 可以当作指示剂的植物除了紫甘蓝外，黑豆、玫瑰、蓝莓也都会有变色的效果。

❶ 将紫甘蓝切碎，用热水浸泡。
❷ 溶出紫甘蓝汁。
❸ 准备数种已经知道酸碱性的透明水溶液，装入试管中。在水溶液中滴入紫甘蓝汁，观察水溶液的颜色变化。
❹ 利用紫甘蓝汁检验生活中常见的水溶液。

酸碱指示剂：

大自然植物的颜色多半来自于"花青素"，它是植物色素也是天然指示剂。花青素在遇到酸性和碱性物质时会产生不同颜色，紫甘蓝中的花青素在酸性溶液中呈红色、在中性溶液中呈紫色，而在碱性溶液中则呈现出蓝色或黄绿色。

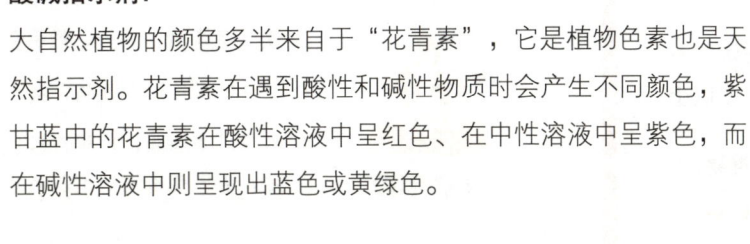

游戏 5

巫师的隐形墨水

适玩年龄
6 岁以上

难易度
★★☆

材料

烤箱
牛奶
棉花棒
白纸

注意事项

1. 柠檬汁均匀涂抹就可以了，不用涂太厚。
2. 使用完烤箱，请务必戴手套取出物品，以免烫伤。
3. 勿让柠檬汁喷到眼睛，会有刺激性。
4. 若是没有烤箱，也可直接使用火烤，但是要注意安全，可先准备湿抹布以及水桶。

步骤

❶ 柠檬挤汁，用棉花棒沾柠檬汁，在白纸上均匀地写上"秘密文字"。
❷ 等字迹干掉后放入烤箱烘烤。
❸ 待柠檬汁烤干后取出。
❹ 文字会慢慢显现。

 **科学小教室**

碳化：
柠檬汁里含有糖和柠檬酸的成分，在烘烤过程中会渐渐产生碳。碳沉淀在纸上，导致此区的颜色慢慢变深，这样文字才能显现出来哦！

亲子互动小学堂
Parent-child Interaction Area

许多家长面对孩子的挑食问题一定心有同感：挑食总让大人小孩之间像打仗一样，爸妈一方面希望维持良好的亲子关系，另一方面却又忍不住抱怨孩子挑食。

其实爸妈可以静下来想一下，身为父母总用很理性、理智的态度来看待吃东西与营养的关系（吃这对你有帮助……垃圾食物会伤身体……），可是孩子给予的回应通常却是感性的、情绪化的（我喜欢……我不喜欢……）。双方在沟通模式不同调的情形下，怎么能有稳定且和乐的亲子关系？

甜甜爸利用简单的认识酸性碱性的科学游戏，让孩子在生活中接触各种维生素、酸碱物质，进而鼓励孩子认识对身体有益处的酸碱值和维生素，鼓励孩子去自行探索各种食物，让孩子决定自己想成长的模样。尊重孩子决定的能力和开启探索的动机。如此的亲子关系与家庭生活，才会让孩子快乐成长。

笔记栏

视觉系列

03 食物全密码

在传统饮食文化中,食物所代表的含义大多是"吃进肚子,为身体带来养分"。但在多元多变的现代生活中,食物其实也可以成为亲子游戏的材料,更可以是启发孩子创意思考、视觉感受的特殊媒介。
经营亲子关系时,更可以通过游戏启发孩子的想象力和观察力,让生活与成长充满更多变化的创意与动能哦!

周末的早餐时光,甜甜一家人坐在餐桌上聊天,享受难得的悠哉生活。

宝弟一边听着大家谈天,一边望向餐桌旁的置物柜,突然好奇地问爸爸:"水果的颜色很美,味道也都很棒,可是除了被吃掉之外,它们还可以做什么呢?"

甜甜一听大笑:"你好无聊啊,水果就是拿来吃的呀,也可以打成果汁让你喝。这样有解决你的疑惑吗?"甜甜爸笑着点点头,对宝弟说:"弟弟的想法很棒啊,食物的确除了吃以外,还有其他用途。来,我们看看柜子里有什么水果和食物,来玩一下有趣的科学游戏。"

"耶!太棒了,我就知道努力观察每一样东西,一定会有好玩的新发现。姐姐,今天又有好玩的游戏,你要感谢我啊!"宝弟真是得意极了。

游戏 1

不生气的可乐

适玩年龄
3 岁以上

难易度
★ ☆ ☆

材料

金属罐可乐

脸盆

注意事项

1. 可乐喷发实验，尽量在户外或浴室进行。
2. 每个人力气大小不同，可以先多敲几圈，再慢慢减少敲击的圈数。

步骤

❶ 通常把可乐用力摇晃后，直接打开，可乐会喷发。
❷ 准备一份罐装可乐，下面放置一个脸盆。
❸ 将可乐用力摇晃。
❹ 用指甲轻轻敲瓶身 1～2 圈。
❺ 将可乐轻轻打开，让移到上层的气体释放出来，可乐竟然不会喷发。

 **科学小教室**

密度的原理：

可乐的制作是将大量的二氧化碳加压溶入糖水中，当震荡后打开瓶口，由于瓶内压力降低，使得溶液中的二氧化碳析出，快速释放出大量的二氧化碳，并将糖水一起带出来，因而产生可乐喷发现象。而敲击瓶身这个动作，可以使底部的气泡先汇集至瓶口，因为二氧化碳气体的密度小于糖水的密度。这时我们再将瓶盖打开，二氧化碳就会直接释放出来，而不会带出糖水了。

游戏 2

水球钻进玻璃瓶

适玩年龄
3 岁以上

难易度
★☆☆

材料

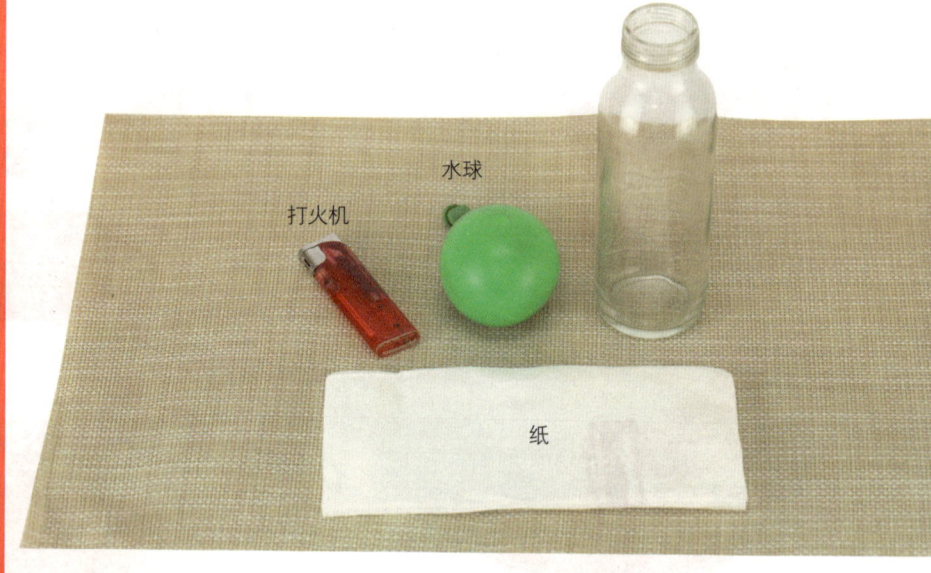

- 玻璃牛奶瓶
- 水球
- 打火机
- 纸

注意事项

1. 本实验要燃烧纸，请由家长陪同操作。
2. 若水球不好取得，可以使用水煮蛋。
3. 纸在瓶内燃烧时，必须先让它燃烧一段时间再放上水球，否则火焰会直接熄灭。

 步骤

❶ 将纸点燃，丢入瓶中。
❷ 让纸在瓶中燃烧大约三秒。将水球放在瓶口。
❸ 安静等待几秒钟。
❹ 观察水球被玻璃瓶吸进瓶内。

 科学小教室

气压：

物质需要有氧气才能燃烧。当瓶中的纸燃烧时，会消耗瓶中的氧气，造成瓶中的气体减少。此时瓶外的气压大于瓶内，所以会将瓶口的水球往瓶内推挤，造成了玻璃瓶吸球的神奇现象。

游戏 3

胡椒沙画

适玩年龄
6 岁以上

难易度
★☆☆

材料

胡椒粉　水　糖
棉花棒　纸板

注意事项

1. 注意教室清洁。
2. 鼻子较敏感的孩子，要离胡椒粉远一点。

步骤

❶ 在水中加进糖，调和成糖水。用棉花棒沾取糖水，在白纸上作画。
❷ 等过一阵子撒上胡椒粉。
❸ 将纸上多余的胡椒粉稍微抖掉。
❹ 会发现胡椒粉黏在涂过糖水的地方，形成胡椒粉沙画。

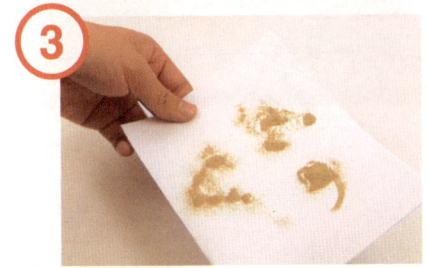

 **科学小教室**

糖的特性：

糖的结构里面有非常多的羟基（氢氧基），当有液体存在时，羟基会开始断裂，松散的氢原子会寻找其他东西来粘住，所以会具有黏性。

当糖水的水分挥发后，在图画纸上的糖所产生的黏性，可以将胡椒粉黏附住，这样就可以制作成好玩的胡椒沙画了。

游戏 4

五彩食盐

适玩年龄 8岁以上

难易度 ★★☆

材料

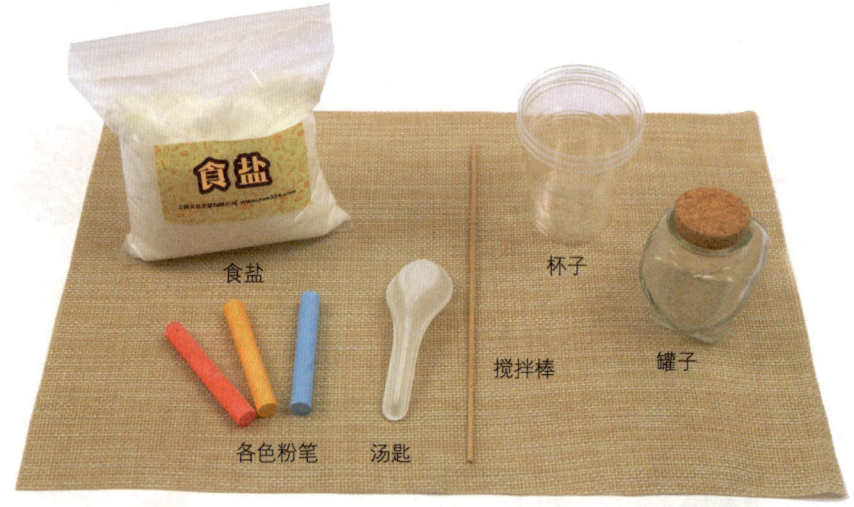

食盐　各色粉笔　汤匙　搅拌棒　杯子　罐子

注意事项

1. 桌面上可先铺报纸，事后比较好清理。
2. 此实验可取代水彩，向孩子介绍色彩原理与混色后的颜色。
3. 手上有伤口时，盐会刺激到伤口，请小心。
4. 染色后的盐可做成摆饰，但不可食用哦！

步骤

1. 将食盐倒入杯中。
2. 利用粉笔在食盐中均匀搅拌，让食盐染色。也可利用色彩原理，做出自己喜欢的颜色，如染过红色后，再染蓝色，就可以得到紫色。
3. 将不同颜色的食盐倒入瓶中，或利用搅拌棒勾勒出图案。
4. 呈现出不同颜色的渐层效果。

 **科学小教室**

硬度比较：

每一种物质都有不同的硬度。我们利用食盐和粉笔硬度不同的特性，让比较硬的食盐将粉笔上的粉尘刮下来，将食盐染色，这时再用不同颜色堆成专属的五彩盐罐。

游戏 5

彩虹果汁塔

适玩年龄 **8** 岁以上

难易度 ★★★

材料

牛奶　柳橙汁　葡萄汁　咖啡　杯子　滴管　试管

注意事项

1. 倒入液体时必须沿杯壁缓慢倒入。
2. 若有滴管，可使用滴管做辅助。

**步骤**

❶ 先将各种饮料分别倒入杯中，请孩子猜猜哪种饮料密度大。

❷ 做游戏时，注意每一种果汁要各使用一根滴管或吸管，避免污染。

❸ 先取一个杯子或试管，倒入牛奶，再倒入咖啡，学习比较两种饮料密度的方法（浮在上层的饮料，密度较小）。

❹ 再取一根新的试管，先用滴管吸取葡萄汁，滴入试管中；接着再沿试管壁慢慢滴入柳橙汁；最后再将牛奶、咖啡也沿着试管壁慢慢滴入。此时，可以看到试管中明显的色彩分层，实验即完成。

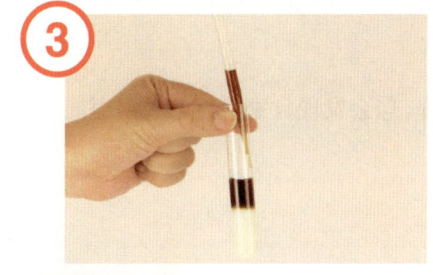
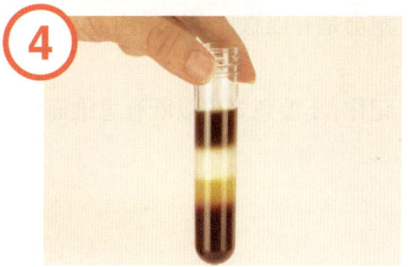

**科学小教室**

物质的密度：

我们利用各种液体的不同密度原理来做分层，将密度大的液体放在最底层，密度小的液体放在上层，就可以制作彩虹果汁塔了。

亲子互动小学堂
Parent-child Interaction Area

"刻板印象（既定印象）"往往代表了每个人总是"习惯"用同样的思维面对生活中所发生的事情，如同故事中甜甜对于宝弟的疑问，习以为常地觉得水果只能拿来吃，衣服只能用来穿，因此会觉得"这有什么奇怪的，水果就是食物，用来吃和打成果汁喝"。

但是如果父母可以像甜甜爸爸一样换个角度思考，先赞许孩子的想法，认同孩子的突发奇想，接下来再付诸实践，并且在此过程中，陪同孩子一起观察、发现问题，尝试、解决问题，培养孩子独立思考与处理问题的能力，相信这样的家庭生活，一定会是有创意且充满乐趣的。

记住，不要急着先以既有思维面对孩子的疑问。也许，您会发现自家宝贝的无限潜能！

笔记栏

视觉系列

04 奇幻的视觉游戏

视觉讯息的接收,在生活中总带来最直接、最快速的互动与讯息传导。因此,当孩子们习惯于科技电子产品所带来的视觉体验时,爸妈们是否可以回过头来反思,如何利用亲子互动与家庭活动的美好时光,脱离电子产品的世界,为孩子创造另一段值得关注的美好时光?就让我们一起体验视觉科学游戏所带来的美好经验吧!

周末家庭日，妈妈想要带着孩子们外出走一走，正想开口询问爸爸的意见，却听到外头滴滴答答下起了雨。

妈妈看向爸爸一边，说："孩子们总是盯着电脑和电视，不觉得在周末假日需要让他们出去走走，至少远离一下电子产品吗？"其实，爸爸也正盯着手机看呢！

感受到妈妈的怒气，甜甜爸立刻放下手机，点头如捣蒜地对妈妈说："这真是个好主意。我们应该在周末远离电子产品，带孩子出去走一走才对。不过，现在外面下着大雨呢！"

甜甜妈对爸爸说："相信以你的智慧，一定可以让孩子们有很好的机会满足视觉上的感受，同时能动动手学知识，我说的对吧？"

这下，爸爸立刻不假思索地对两个宝贝孩子大喊："孩子们，我们不要玩电脑看电视了，让眼睛换个频道，我们来玩视觉的科学游戏吧！关掉电视和电脑，一起到厨房寻宝去。"

游戏 1

橘子烟火

适玩年龄
8 岁以上

难易度
★★☆

材料

橘子

蜡烛

打火机

注意事项

1. 尽量在阴暗的地方操作本实验。由于要使用打火机，请由家长陪同操作。
2. 橘子皮的油脂对眼睛有一定的刺激性，小心不要喷到眼睛。
3. 橘子皮越新鲜越好，若是不新鲜可能会油脂不足，造成实验结果不明显。
4. 若是孩子看不清楚，可使用手机录像，慢动作播放给孩子看。

❶ 准备好新鲜的橘子皮。

❷ 将蜡烛点燃。

❸ 将房间的灯关上。把橘子皮靠近烛火，并且对折橘子皮，使油脂喷出。

❹ 喷出的油脂会在火焰上形成美丽的火花。

柑橘类果皮特性：
由于柑橘类的水果皮里面含有大量的植物性油脂，油脂喷出时，会在火焰中快速燃烧，形成美丽的火花。实验时关上灯进行会更明显。

游戏 2 一封神秘的信

适玩年龄 6岁以上

难易度 ★☆☆

材料

水彩笔、白纸、调色盘、水彩、白蜡烛

注意事项

1. 将白蜡烛换成蜡笔也会有同样的功效。
2. 水彩调色的时候，记得要加入一些水，效果较好。

 **步骤**

❶ 用白蜡烛在纸张上画出自己喜欢的图案。
❷ 用水彩在调色盘上调出美丽的色彩。
❸ 使用水彩笔沾染水彩，均匀地涂抹在纸张上。
❹ 刚刚使用白蜡画的图案，就会慢慢在纸张上显现出来。

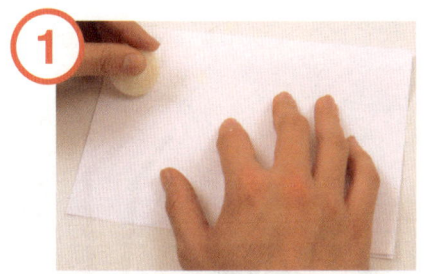

 **科学小教室**

蜡的疏水性：

由于蜡和水不会互溶，具有"疏水性"，所以当水性颜料涂在白纸上时，并不会附着在蜡上面。此时水彩只会附着在没有涂上蜡的纸张上，所以用白蜡画下的图案自然就能显现出来了！

游戏 3 神奇抽水机

适玩年龄 10 岁以上

难易度 ★★★

材料

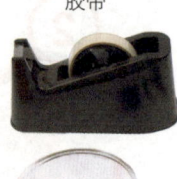
胶带

塑料杯

锥子

剪刀

可弯吸管

注意事项

1. 吸管最高的地方请勿超越杯口，否则此实验会失败。
2. 吸管U字形的地方不可折到，否则会阻碍水的流动。
3. 可以利用颜料将水染色，方便观察。
4. 使用锥子时，请注意安全。

步骤

❶ 先用锥子将杯底戳一个洞，用剪刀将洞扩大至吸管大小。
❷ 将一根可弯吸管折成 U 字形，用胶带黏起固定。
❸ 将吸管放入杯内，并将较长的那端穿入洞中。
❹ 将水倒入杯中漫过吸管。
❺ 当水漫过吸管时，观察此时的水，是否产生"虹吸现象"。

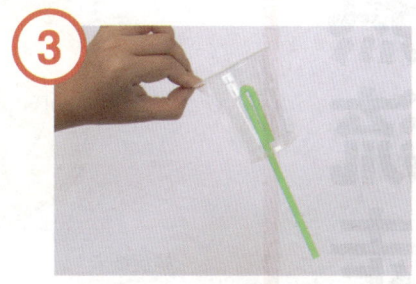

 **科学小教室**

虹吸现象：

当水面的高度超过吸管的顶端时，水会开始沿着吸管往外流出，这便是所谓的"虹吸现象"。

日常生活中，我们便会利用这种现象来清理鱼缸中的污水。马桶中的抽水马达，也是利用这个简单的原理哦！

游戏 4

热流走马灯

适玩年龄
8 岁以上

难易度
★★☆

材料
（图卡请参见附录一）

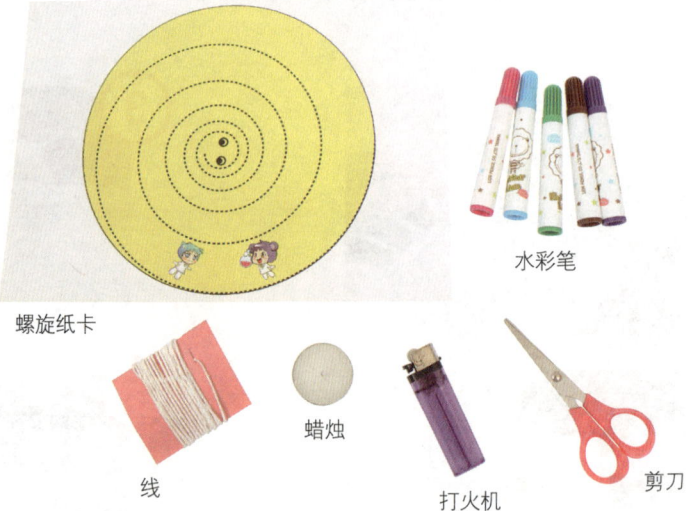

螺旋纸卡　水彩笔　线　蜡烛　打火机　剪刀

注意事项

1. 若是不会旋转，可以将此螺旋状的纸卡剪短，减轻纸卡的重量。
2. 由于需要火焰制造热空气，所以此实验请家长陪同操作。
3. 加热的过程中，注意纸张拿取的高度，以免纸张燃烧。
4. 可以在纸张上画画，旋转时较为美丽。

步骤

❶ 将纸卡上的螺旋沿线剪下来。
❷ 用锥子在螺旋纸卡的顶端戳一个洞。
❸ 用线穿过此洞,并打结。
❹ 用打火机将蜡烛点燃。手拿着螺旋纸卡上面的线,将螺旋纸卡拿到蜡烛上方,观察纸卡因为热气的关系开始旋转。

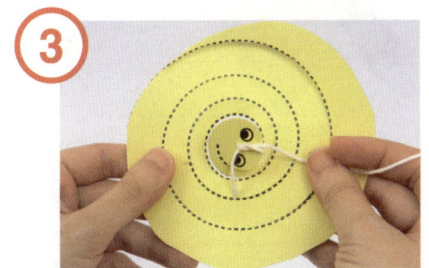

 **科学小教室**

气体的热胀冷缩:

蜡烛燃烧时,周围的空气会被加热。因为热胀冷缩(热空气上升,冷空气下降)的原理,热气膨胀,密度减小,受到的浮力增大,便会往上方流动,进而带动此螺旋纸卡开始旋转。

游戏

5

漂浮彩色

适玩年龄
6 岁以上

难易度
★☆☆

材料

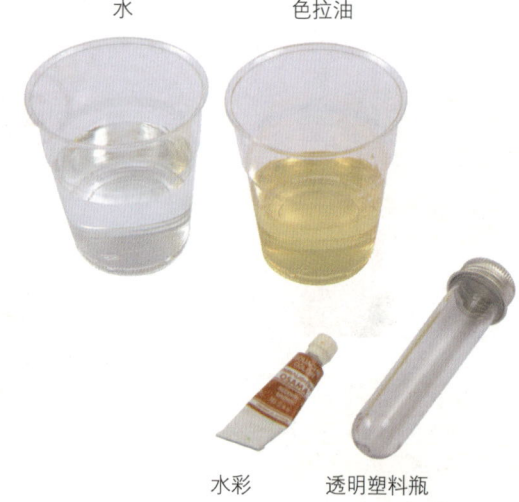

水　　　色拉油

水彩　　透明塑料瓶

注意事项

1. 油脂洒到桌面上较不好清理，务必注意清洁。
2. 有些颜料是脂溶性的，会形成与上述情况完全相反的状况。

步骤

❶ 在水中加入水彩，形成颜料水，搅拌均匀。
❷ 将色拉油倒入透明瓶至半瓶。
❸ 将步骤1的颜料水倒入装了色拉油的透明瓶内。
❹ 观察水在色拉油中的现象。

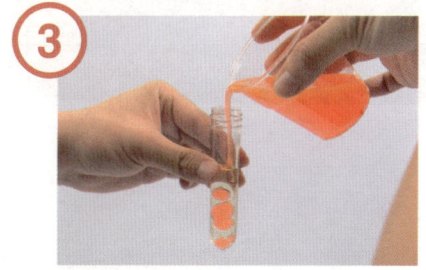

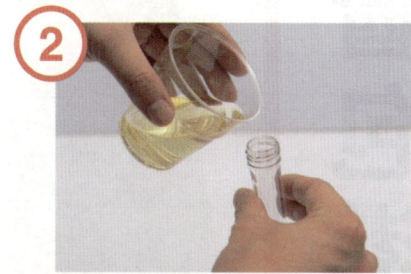

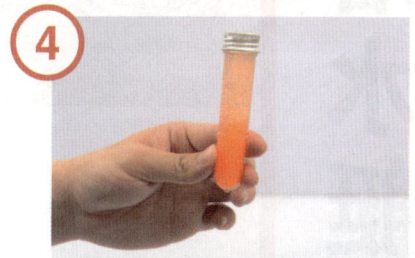

 **科学小教室**

水的密度：

由于油脂和水不会相溶，所以油和水的中间会有非常明显的界线。因为水的密度比油大，所以会位于瓶子的下层。当加入颜料时，颜料只会溶在水中，并不会把油染色，所以只有下层水的颜色会被改变哦！

游戏 6

酱包潜水艇

适玩年龄
6 岁以上

难易度
★★☆

材料

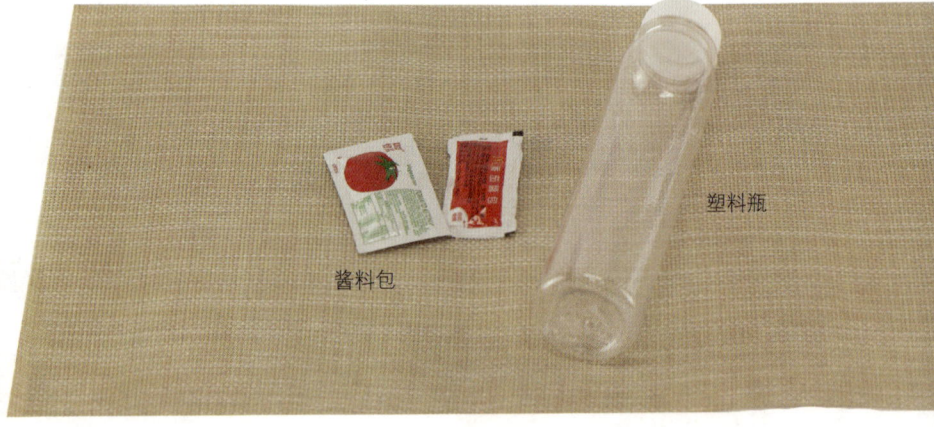

酱料包　塑料瓶

注意事项

1. 用快餐店的西红柿酱包，通常较为容易成功。家长也可以试试不同种类的酱包。

2. 酱包丢入水中测试时，只能浮出水面 0.1 ~ 0.3 厘米，才是可以利用的酱包。

步骤

❶ 将酱包丢入水杯中测试，观察是否刚好浮在水平面上。
❷ 将塑料瓶装水——约九分满。
❸ 把测试通过的酱包丢入瓶中，转紧瓶盖。
❹ 轻压瓶身，观察酱包是否下沉。
❺ 放开瓶身，观察酱包是否上升。

密度的原理：

当我们挤压塑料瓶时，手的力量会造成瓶内水压上升。水压会压缩瓶内的酱包，使其体积缩小、密度变大，因此便会往下沉。

游戏 7

百变影子游戏

适玩年龄
9 岁以上

难易度
★★☆

材料

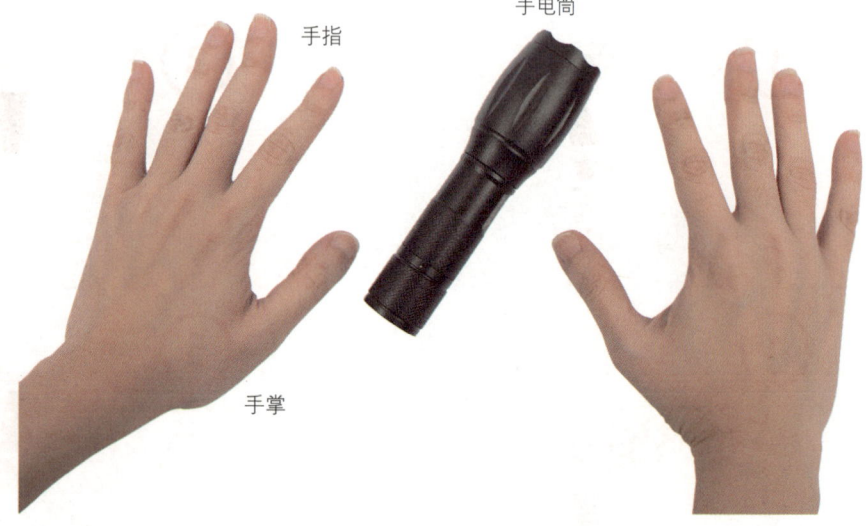

手指　手电筒　手掌

注意事项

1. 出题目时,可由浅入深(例如一开始的题目为石头、剪刀之类的)。
2. 若是家里没有手电筒,可以开启手机的手电筒功能代替。
3. 尽量选择浅色系的墙面,效果较好。若是没有墙面,也可使用白纸替代。
4. 可以让孩子调整手部与手电筒的距离,看看影子会有什么不同的变化。

步骤

❶ 关上房间的电灯,开启手电筒,让光源照射在墙面上。
❷ 将手放在灯光前,可以看到墙面上有手部的影子。
❸ 可以更改手的动作,让影子形成不同的图案。
❹ 可以出一些题目,让孩子思考如何利用影子显示出那些图案(例如兔子、小狗等)。

 **科学小教室**

光的特性:

光有直线前进的特性,遇到障碍物时并不会转弯。所以当我们将手放在光线前进的路线中时,光线便会被阻挡而无法继续前进。我们可以利用光的直进性来做出各种光影效果。

亲子互动小学堂
Parent-child Interaction Area

相信许多家长都了解要保护眼睛,要尽量减少眼睛盯着屏幕看的道理。但是如同甜甜爸一般,我们也常常不由自主地和电子产品成为密不可分的"好友"。当家长想要孩子改变生活习惯时,"以身作则"可是一个必须要注意的环节哦!

如同甜甜一家人所采取的模式,我们不会立即暂停孩子对于视觉讯息的需求,而是利用不同的游戏模式,让孩子既可以有满满的视觉经验,也有更多可以动手做的体验。

创意的动手操作,搭配家中随手可得的材料,让家庭活动变得更多元丰富。丰富孩子的感官经验,不仅保护眼睛,更可以获得创意亲子关系,一举多得!

CHAPTER 3
听觉系列

听觉系列

01 资源回收魔法术

许多人都了解资源回收与环保的重要性。其实看似平凡的纸类、塑料类物品等,都可以让生活变得更加丰富与特别!除了从小培养孩子珍惜资源与环保的观念之外,更可以通过生活中的种种小创意,启发孩子的无限想象与创造力!

"又要到家庭回收清洁日了，都做一样的事情，也不知道是不是真的能帮助到地球，反而是我没时间做功课了……"宝弟口中念叨的这段话被妈妈听见了。总希望孩子可以具有责任感与环保意识的甜甜妈，忍住想要说儿子一顿的冲动，把教育的重大责任交给了爸爸。

"请你好好跟你家儿子沟通一下，不要只注重自己，要慢慢学会为家庭和大环境付出！"

到了家庭清洁日，爸爸领着全家人一边清扫屋子，一边整理可回收的物品。

"大家先暂停一下，今天就到这里啦！"

"我们才工作一小时而已，怎么就要休息了？"甜甜满脸困惑，就连原本臭着脸的宝弟也都一脸不解地看着微笑的爸妈。

"我们准备好纸杯、吸管、空罐、蜡烛、细线。我们要来玩游戏，成功了会有小奖励哦！"

"太棒了！"随着姐弟俩的大声欢呼，家庭清洁日的气氛似乎活泼了起来……

游戏 1

旋转陀螺蛇

适玩年龄
3 岁以上

难易度
★★☆

材料

纸杯　　粗吸管　　毛根　　美工刀

注意事项

1. 割纸杯时，务必注意安全。
2. 毛根的两端较为尖锐，请小心拿取。
3. 若是此玩具只让一位孩子使用，可以将吸管拿开，直接朝向洞口发出声音。
4. 此实验请将纸杯放在桌上操作，用手拿着会影响实验效果。

步骤

❶ 将毛根剪下大约 7 厘米，并将其卷曲，形成蛇的形状。
❷ 用美工刀将纸杯侧面割开一个可以让粗吸管进入的口子。
❸ 将纸杯倒放在桌上，毛根蛇放在上方的杯子底部。
❹ 将吸管插入纸杯后，对着吸管发出声音。
❺ 观察毛根蛇在纸杯上的情况。

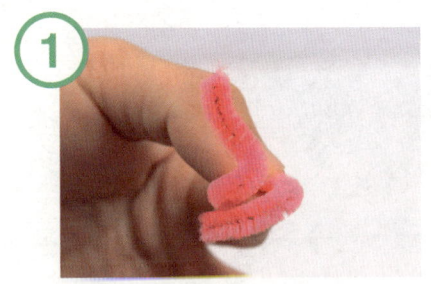

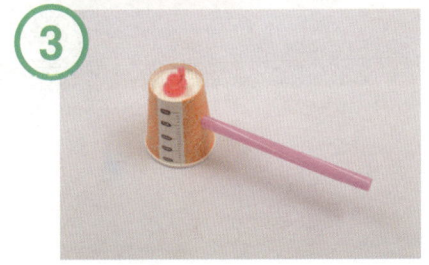

 **科学小教室**

声音的传导：

声音是由物体快速震动所产生的。发声物体快速震动，带动介质——空气的震动，而此震动由洞口传递进入杯中，带动纸杯，使纸杯开始震动。此时纸杯上方的毛根蛇便会被纸杯带动，进而开始移动或转动。

游戏 2

公鸡喔喔喔啼

适玩年龄
5 岁以上

难易度
★★☆

材料

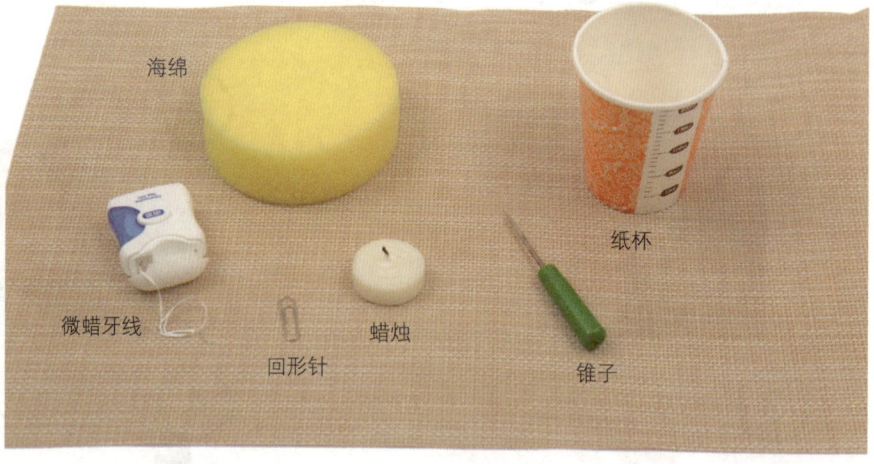

海绵　纸杯　微蜡牙线　回形针　蜡烛　锥子

注意事项

1. 锥子较为尖锐，小心安全。
2. 海绵不可过湿，否则会一直滴水。

步骤

❶ 用蜡烛在牙线上摩擦，让牙线裹上一层蜡。
❷ 用锥子在纸杯底打个洞，让牙线能够穿过杯子。
❸ 将纸杯底部外侧的牙线绑上回形针，让回形针卡在杯底。
❹ 将海绵稍微沾湿。
❺ 沾湿的海绵包覆牙线，迅速地在牙线上滑动，就会产生公鸡的叫声。

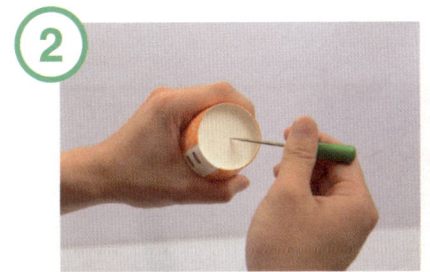

 **科学小教室**

声波的反射：

将蜡涂上牙线后，会使牙线表面的摩擦力增加，就像是在小提琴的弓上涂松香一样的效果。

此时使用海绵摩擦牙线，会使得牙线震动而发出声音。这个声音会在纸杯内部不断地反射，产生增强的效果，就像是吉他或小提琴的音箱一样。

游戏 3

谁是大声公

适玩年龄
5 岁以上

难易度
★ ☆ ☆

材料

棉线　　回形针　　纸杯　　针

注意事项

1. 用针将杯子戳洞时，务必注意安全。
2. 在传声的过程中，连接两个杯子的线尽量不要接触到物品，否则声音的传导会被阻碍。

116

步骤

❶ 用针将两个纸杯底部各刺穿一个洞。
❷ 将棉线的两头分别由杯子底部穿入杯中。
❸ 将穿过杯子的棉线头绑上回形针,固定在杯里。
❹ 让孩子拿着一个杯子,对着杯子说话。另一个小朋友拿着另一个杯子,将杯子靠近耳朵,听听是否有声音。
❺ 可以调整线的长度和粗细,观察不同的线会有什么不同的影响。

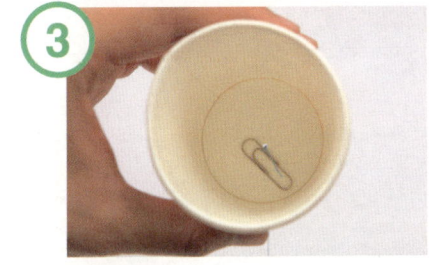

科学小教室

声音的传导:

声音是利用波的方式传递,中间必须有介质才能传输。平常说话时,传递的介质为空气,通过空气的震动,听者才能听到声音。游戏中利用棉线当作传输的介质,因为其能量不易散失,所以可以将声音传输到远处。

游戏 4

吹奏吸管笛

适玩年龄
5 岁以上

难易度
★★☆

材料

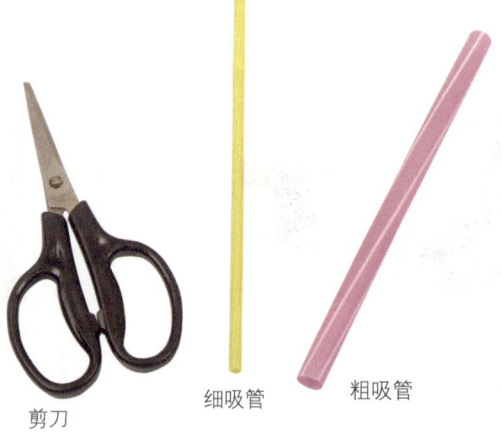

剪刀　　细吸管　　粗吸管

注意事项

1. 吸管剪完之后较为尖锐，不要让孩子一边吹一边跑步。
2. 若是吹不出声音，可以看一下孩子的嘴型。只要轻轻将吸管含住即可，切勿用牙齿咬吸管。

步骤

❶ 将细吸管的一端压扁，并用剪刀剪成尖状（大约1公分）。
❷ 轻轻含住吸管的尖端处，用力吹气可以发出响亮的声音。
❸ 也可以在吸管上面挖出小洞。
❹ 让它像直笛一样有成排洞孔，它会有直笛的效果哦！
❺ 也可以使用粗吸管做实验，看看与细吸管有什么不同。

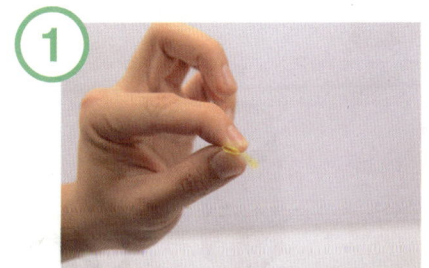

科学小教室

空气的共鸣现象：

当空气被吹入吸管时，吸管尖端的部分会被空气带动而产生震动，就像是管乐器里面的簧片一般。震动的吸管与管内的空气产生共鸣现象，进而产生声响。

游戏 **5**

伸缩小喇叭

适玩年龄
6 岁以上

难易度
★★★

材料

大空罐

小易拉罐

胶带

吸管

剪刀

注意事项

1. 切割易拉罐时，务必小心，割开后的金属较为尖锐，也可使用胶带黏贴起来，避免割伤。
2. 大罐子内的水量高度至少超过小罐子的一半，效果较为明显。
3. 若是没有声音，可以再次调整吸管角度。

步骤

❶ 将两个空罐清洗干净。

❷ 剪下大约7公分长的吸管，并将吸管口黏贴至易拉罐小洞的边缘。调整其角度至吹气时可以发出声音后，用胶带将吸管固定。

❸ 利用开罐器将小易拉罐的底部以及大空罐的顶部切除。

❹ 将小易拉罐放入大空罐中，并注入水。

❺ 将小易拉罐上下移动，并朝吸管吹气，观察声音有何变化。

 **科学小教室**

空气的共鸣现象：

当我们往吸管中吹气时，会造成易拉罐里面的空气振动而发出声音。大罐子中的水位高低，则会影响易拉罐里面的空气柱长短，进而发出高低不同的声音。

亲子互动小学堂
Parent-child Interaction Area

相信许多家长对孩子是否具备"责任感"这件事是非常在意的，小至对自己的行为负责、整理自己的房间，大到可以为家庭或是社会尽一份心力，甚至未来可以为自己所组成的家庭负责任……所以家长总希望可以从小就培养孩子负责任的态度。

其实，责任感的养成是循序渐进的，要从对自己的行为负责开始。对自己负责是一个基础能力（包含自我约束、遵守课堂规则、完成属于自己的功课等），等到稳定自我责任感之后，才能发展出对自己以外的人和事物负责的能力（包含协助整理家务、整理小区、建立环境保护的观念……）。

爸妈可以逐渐跳脱旧有的思考模式，站在孩子的角度思考：先为孩子愿意为自己课业负责任而开心，鼓励孩子拥有第一阶段责任感，之后再逐渐把家庭活动变得有趣（变成有小小奖励的活动），激发孩子的动机，培养孩子的态度。接下来，就等待孩子自然地养成责任感与更进一步的能力了。

通过游戏，阶段性地培养孩子负责任的态度，将会让家庭关系与亲子互动更加美好，也更让孩子可以发自内心地对很多事情负责。

笔记栏

听觉系列

02 除了吃，还能玩

在厨房中常见的食材或是器皿，除了一般的食用或使用方法之外，我们还有其他想象吗？通过改变食物本身的用途，让孩子了解这些食物除了能吃之外，还可以变身改造成有其他用途的生活小物！让厨房不再只是妈妈大显身手的单调区域，而成为亲子学习的另类科学教室！

打开冰箱的甜甜妈叹了一口气:"真是的,又要开始想怎么料理姐姐最讨厌的胡萝卜和弟弟最讨厌的绿豆了。明明营养价值很高又可口,偏偏孩子一看到胡萝卜和绿豆就像看到仇人一样。"一旁的爸爸看着苦恼的甜甜妈,决定要改变孩子们对绿豆的既定印象。

"游戏时间到啦,我们今天要让你们两个玩一个'猜一猜大变身'的游戏。现在请闭上眼睛,然后打开你们的耳朵,来听听这是什么声音?"甜甜和宝弟立刻认真竖起耳朵,努力想这是什么东西。

"哇,这手摇铃居然是用我最不喜欢的绿豆做的!这个乐器像是笛子,居然可以用多多的瓶子做?真的太有趣了!"不仅宝弟很吃惊,甜甜更是兴奋地对爸爸说:"我们一起看看还有什么器材可以大变身,爸爸再多教我一些!"厨房里的今天,又是充满笑声与赞叹声的一天。

游戏 1

绿豆摇铃

适玩年龄
3 岁以上

难易度
 ☆ ☆

材料

塑料瓶　米　绿豆

注意事项

1. 塑料瓶盖子要盖紧，否则里面的东西容易洒出来。
2. 将绿豆倒入塑料瓶时，可以使用漏斗。

 **步骤**

❶ 将塑料瓶洗干净，晾干后将绿豆放入瓶内。
❷ 再将米加入瓶中。
❸ 摇晃塑料瓶，听听声音有什么不一样。
❹ 可以使用彩纸、纸胶带等装饰摇铃。

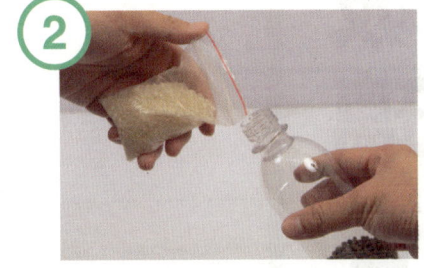

 **科学小教室**

声音的产生：

在摇晃瓶子时，瓶中的绿豆、米会互相碰撞，造成物质以及瓶子的快速振动，进而造成声响。因为绿豆和米的成分以及大小都不同，在碰撞时所产生的振动也不同，所以会产生不同的音色。小朋友可以尝试在瓶中放入沙子、小石头，听一听摇晃后的声音有什么不同呢？

游戏

玻璃音乐会

适玩年龄
3 岁以上

难易度
★☆☆

材料

相同大小的高脚杯数个　　　水

注意事项

1. 高脚杯为玻璃制品，拿取过程中请小心。

步骤

❶ 在不同的杯中加入水。

❷ 使杯子中有不同高低的水位。

❸ 将手指头沾水，顺时针或逆时针摩擦高脚杯的杯缘，会发出轻亮的声音。

❹ 换一个不同水位的杯子，听一听发出的声音是否相同。

科学小教室

空气的振动现象：

摩擦杯口时，杯子会产生振动，进而带动空气的振动，产生声音。当杯子越厚重（或水位越低），杯子的振动就会越缓慢，所以声音听起来便会比较低沉。

尝试利用不同音阶，演奏出不同的曲子吧！

游戏 3

汤匙大钟

材料

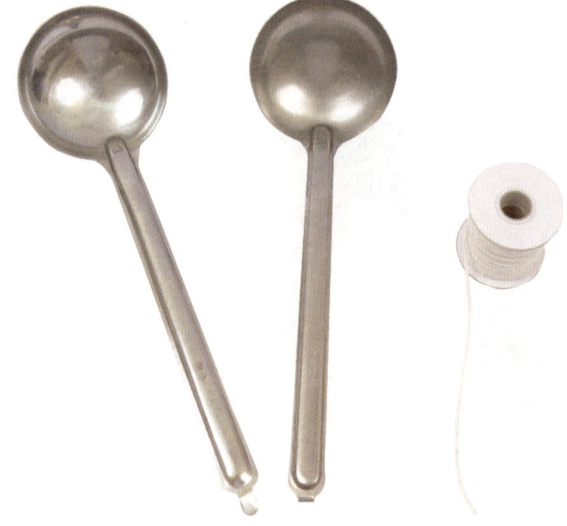

尾端有弯钩的不锈钢汤匙两根　　棉线

适玩年龄
5 岁以上

难易度
★☆☆

注意事项

1. 可以使用不同的汤匙作比较,声音会不一样。
2. 捂住耳朵时,不可以将棉线塞入耳朵中。
3. 一开始敲击汤匙时,先以较小的力道敲击,以免声音过大。

步骤

❶ 先将两根汤匙互相敲敲看，听听汤匙在空气中撞击的声音。

❷ 用棉线套在汤匙尾端的弯钩上打结，以免汤匙掉落。

❸ 把绳子的两端分别缠绕在双手食指上，并用食指堵住耳朵。

❹ 摇晃绳子，使汤匙撞击另一只汤匙。注意聆听耳朵内的声音，观察声音有何不同。

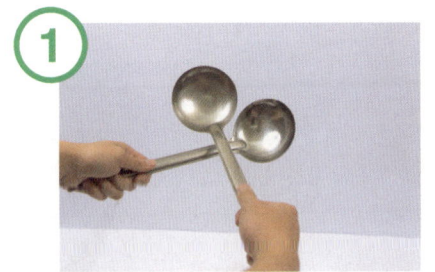
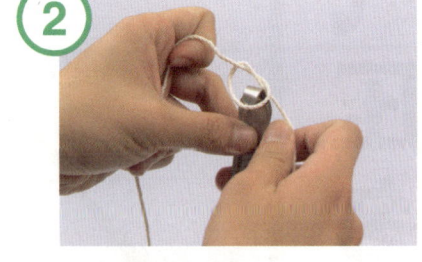
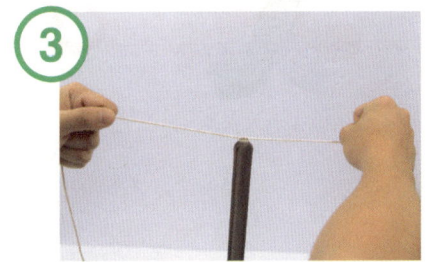
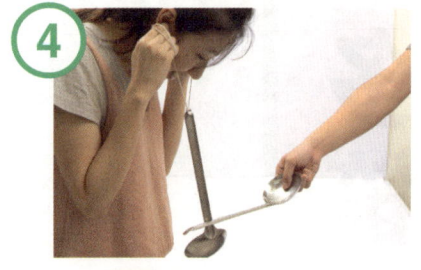

 **科学小教室**

声音的传导：

声音的传递需要依靠介质，而棉线传递声音的效果比空气高，且可以直接传递至耳朵。所以当手指缠绕住棉线，堵住耳朵时，汤匙撞击的声音会像立体音响一样在耳朵里响起，听到的声响会比在空气中大很多。

游戏 **4**

气压多多笛

材料

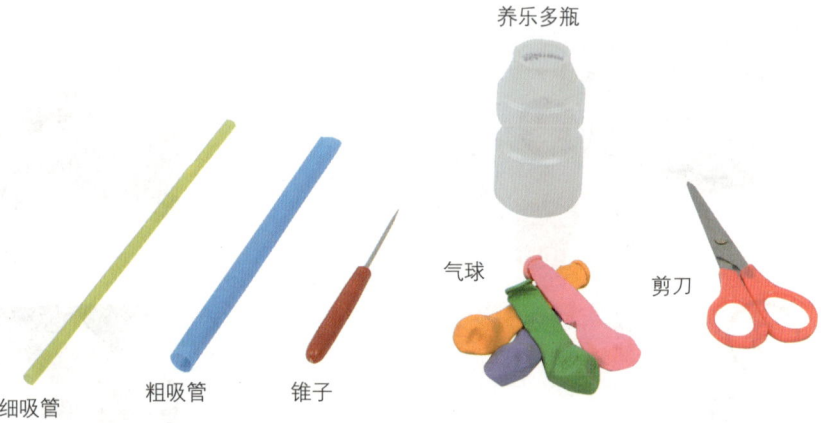

细吸管　粗吸管　锥子　气球　养乐多瓶　剪刀

注意事项

1. 粗吸管必须抵住气球皮,使其紧密接触。
2. 侧面的洞容易开过大,可以使用黏土或热熔胶黏合。
3. 使用锥子较为危险,建议家长陪同。
4. 切勿让孩子一边吹着成品,一边奔跑。

适玩年龄
6 岁以上

难易度
★★☆

步骤

❶ 用锥子和剪刀将养乐多瓶底部以及侧面各戳出一个洞。将粗吸管从养乐多的底部穿入，并将细吸管从侧面插入养乐多瓶的洞里。

❷ 从气球底部剪下一段气球皮，将气球皮套上养乐多瓶口。

❸ 再剪下气球开口端部分，作为固定用的橡皮筋。

❹ 将粗吸管顶住气球皮，试着吹气，听一听会发出什么声音，并比较不同容器的声音。

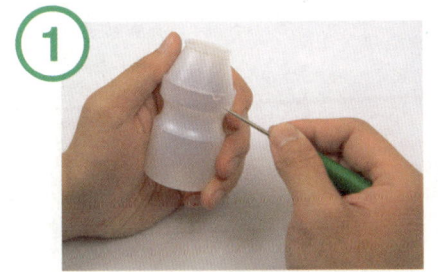

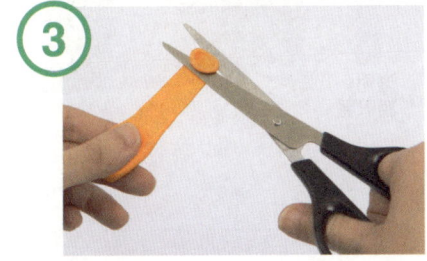
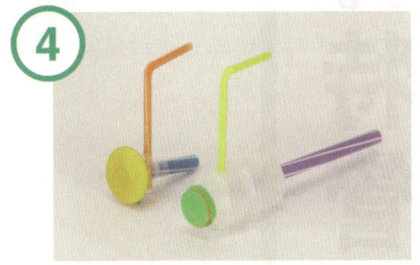

科学小教室

气压原理：

当我们往瓶中吹气时，瓶内的气压会增加，造成瓶口的气球被往上推挤。此时空气便会经由大吸管往外流出，造成气压下降，气球皮便会恢复原位。如此不断来回的过程，造成气球皮在上面不断地振动，进而发出巨大的声响。

游戏 5

波浪肯特管

适玩年龄
9 岁以上

难易度
★★☆

材料

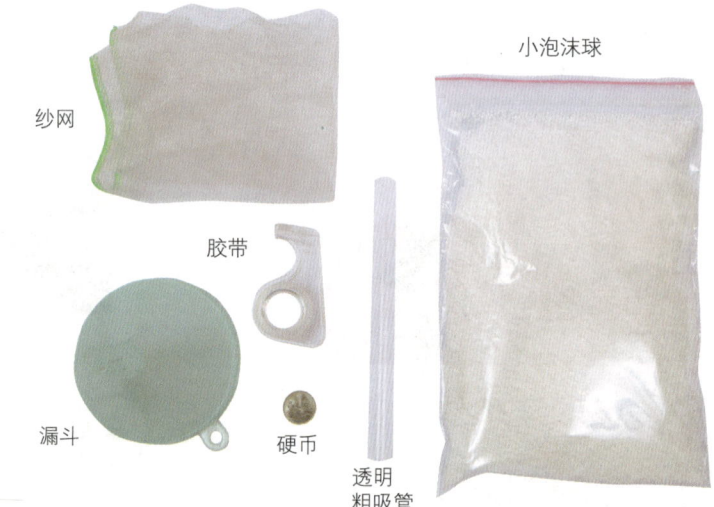

纱网　小泡沫球　胶带　漏斗　硬币　透明粗吸管

注意事项

1. 市面上有些娃娃或枕头内部会填充小泡沫球,若是家中有废弃的娃娃,可以拆开使用。
2. 泡沫球非常细小,请家长协助操作,以免误食。
3. 泡沫球容易有静电,清洁不易,请尽量避免洒落地面。
4. 发出的声音尽量大且稳定,效果较为明显。

步骤

❶ 用剪刀将粗吸管尖锐的地方剪掉，使其两边都是平的。
❷ 用胶带将一元硬币黏在一端，使其形成封闭状态。
❸ 使用漏斗将泡沫球倒入吸管内部至三分之一的位置。
❹ 用纱网将吸管另外一端封住。
❺ 平放吸管，让泡沫球均匀散布在管内。对着吸管纱网端发声，可观察到泡沫球在内部形成波浪。

 **科学小教室**

波的反射定律：
声音是利用空气的振动传递能量，所以当声波前进时，会带动细小的泡沫球一起跳动。而当波撞到吸管另一端的硬币时，会造成反射，与原本的波互相影响，形成驻波，让泡沫球跳动得更明显！

驻波：当两个相同频率、相同振幅，但行进方向相反的波，互相叠加后，会形成驻波。

亲子互动小学堂
Parent-child Interaction Area

相信在很多家庭的分工中，与厨房或是饮食相关的责任会划分给同一人——妈妈，而这一般都是让妈妈苦恼不已的重大课题。

甜甜爸在这样的话题中除了扮演亲子关系的良好润滑剂，让妈妈在厨房里大显身手时不需要苦恼，更利用灵活有创意的方式，改变孩子对特定食物的既有印象。他鼓励孩子不单单在口味和饮食上，拥有更多的机会去认识食物、接受食物，甚至可以为这些食材找出更有创意的用途，让饮食和游戏可以彼此结合，也可以培养出孩子更多的包容性和创造力。

各位亲爱的家长，如果我们也可以学习不在饮食的单一面向中纠结，尝试接受孩子的选择，一起和孩子创造出更多元的种种可能，相信一定会让亲子关系变得更加融洽与有创意。

转换念头和态度，会让很多事情的结果变得更加美好。

笔记栏

听觉系列

03 一场食物音乐会

听觉是所有感官中最早发育的。通过听觉，婴幼儿在母亲腹中就开始与外界接触，也就逐渐累积各种对外学习的基础。当我们发现听觉对于孩子学习具有重大意义时，更应该及早通过各种渠道让孩子累积各种经验，鼓励孩子自我探索与接受各种感官互动。您会发现，听听音乐，玩各种与声音相关的游戏，孩子也更能享受游戏所带来的美好。

放暑假了，甜甜和宝弟愉快地走路回家，期待着这个暑假会有什么新鲜事发生。

傍晚的风吹着吹着，姐弟俩打开窗户，享受风铃叮叮当当的音乐。妈妈看到孩子们陶醉的样子，笑着说："别顾着享受，小心吹太久会感冒。等一下爸爸回来，我们可以一起讨论暑假行程。"

这时候，宝弟突然问甜甜："姐姐，风是什么颜色呢？风是什么形状？我们要怎样才可以碰到、摸到风？只能通过听吗？"一连串的问题考倒了甜甜。

"我们等爸爸回来问问他吧。我记得先前爸爸有说要陪我们玩一玩'听觉'的科学游戏，说不定，暑假的学习记录单就可以派得上用场哦！"

叮咚！门铃响了。看样子，甜甜家的科学游戏时间又要开始了……

游戏 1

调音专家

适玩年龄
3 岁以上

难易度
★☆☆

材料

调音器 App

马克笔

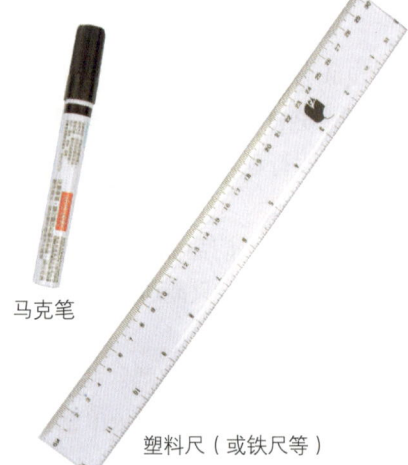
塑料尺（或铁尺等）

注意事项

1. 尺子的材质不可过软，否则会没有声音。
2. 不同材质的尺子会有不同的音色，可以让孩子多加尝试。
3. 家中若没有调音器，可用手机下载 App。

步骤

❶ 拿一把约 30 公分长的塑料尺放在桌沿，并且将尺子伸出桌沿。

❷ 一手将尺子紧压在桌上，另一只手轻拨桌沿外的部分，聆听发出的声响。

❸ 调整桌沿外尺的长度，并且利用调音器，使其达到适合的音高，用马克笔在尺子上做记号。

❹ 继续找到下个音阶。

❺ 更改尺子的材质，听一听有什么不同。

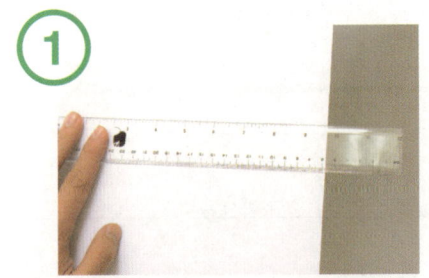

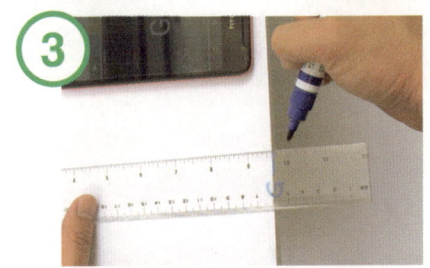

 **声音的频率：**

当用手拨动尺子时，尺子会快速振动，进而产生声响。而这个声音的高低，取决于直尺振动的频率：尺子振动得越快，声音会越高；振动得越慢，声音越低。

游戏 2

听风的声音

适玩年龄
6 岁以上

难易度
★☆☆

材料

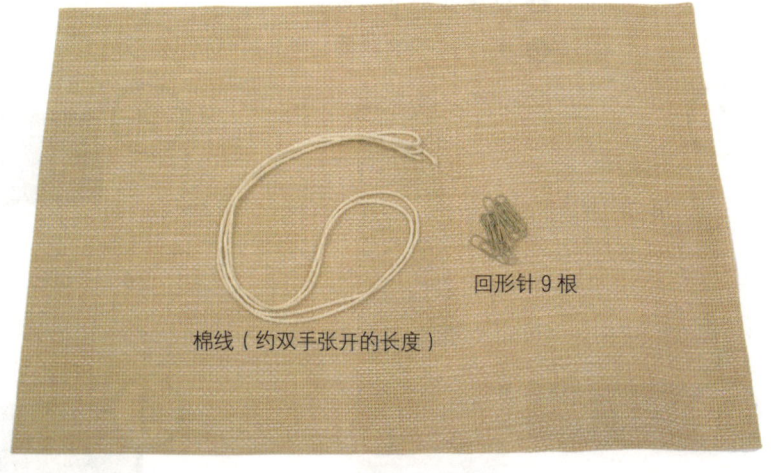

棉线（约双手张开的长度）

回形针9根

注意事项

甩动回形针时一定要到空旷的地方，以免打到其他人，或是打到东西造成回形针回弹而伤到自己。

步骤

❶ 将棉线一端大约 5 公分的地方绕成一个圈，并打结固定。
❷ 拿出九个回形针，将三个回形针串在一起，串成三串。
❸ 将这三串分别固定在棉线圆圈上。
❹ 到空旷的地方，甩动此棉线，听一听看有什么声音产生？
❺ 增加每一串回形针的数量，再听听声音有何不同。

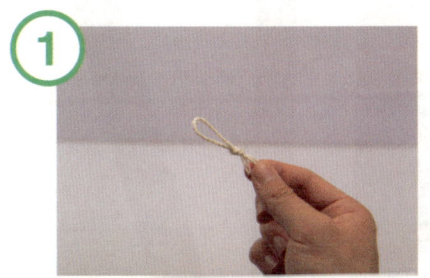

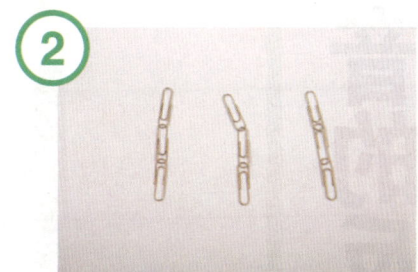

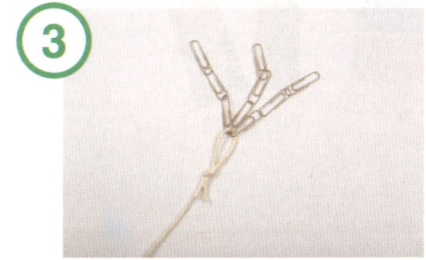

科学小教室

声音的产生：

当回形针快速在空气中呼啸而过时，会对空气造成切割，进而产生扰动漩涡而发出声响。小朋友可以试试看，当棉线的旋转速度越快时，所发出的声响是否也会越大呢？

游戏 3

声音的反射作用

适玩年龄
6 岁以上

难易度
★★☆

材料

可发出细微声响的时钟

书本

保鲜膜纸筒

注意事项

1. 本实验建议在安静的地方进行。
2. 若找不到保鲜膜纸筒，可以拿海报纸卷成一圈代替。
3. 闹钟尽量挑选声音小的，更容易比较出来。

步骤

① 慢慢移动时钟的位置，把它放到耳朵几乎听不到声音的地方。
② 将纸筒的一端放在闹钟旁，另一端靠近耳朵，听一听是否听得到声音。
③ 拿出两只纸筒，排成"〈"形状。"〈"字形的其中一边放在时钟旁，另一边靠近耳朵，仔细聆听，是否可以听到声响。
④ 将一本书直立，由左往右靠近并摆在"〈"字形的转弯处，形成K字形，再听听是否可以听见声音。

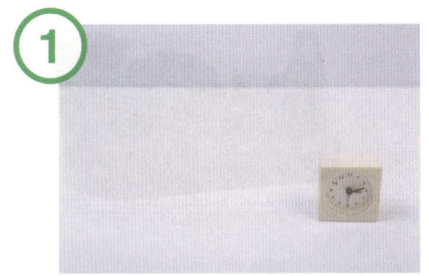

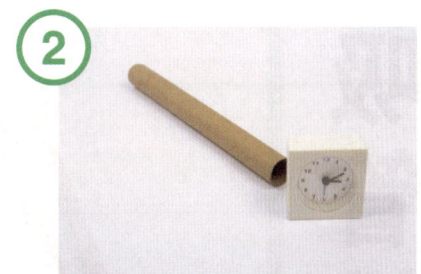

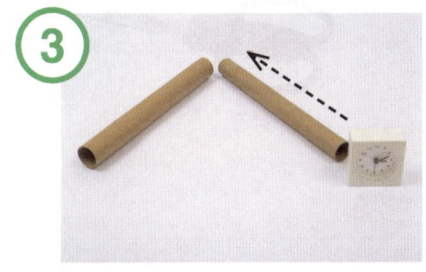

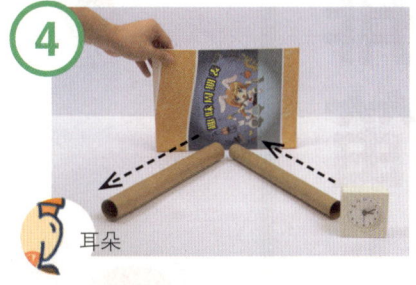

 **科学小教室**

波的反射定律：

声音的传递是以波的形式前进，因此会遵循波的反射定律。若是没有使用纸筒，声波会往四面八方散开，造成能量衰减；而使用纸筒，则会让声波在纸筒内不断地反射，使能量更加集中。

游戏 4

吸管排笛

适玩年龄
6 岁以上

难易度
★☆☆

材料

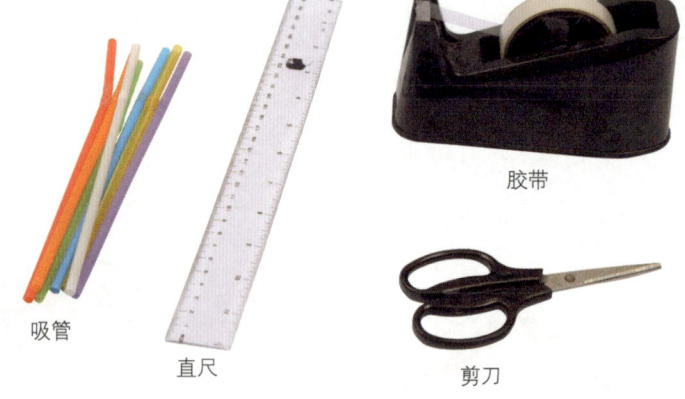

吸管　　直尺　　胶带　　剪刀

注意事项

1. 吹气时，让嘴巴和吸管间隔一段距离，切勿用嘴唇含住吸管。

2. 可以让孩子自行调整吸管长度，让他们去比较不同之处。

步骤

1. 拿出吸管，用剪刀将吸管剪短。
2. 再重复以上的动作，剪出数根长短不同的吸管。
3. 使每根吸管长短相隔 2 公分。将吸管由长排到短，并使用胶带黏贴成排笛状。
4. 吹奏，看看会产生什么声音效果。

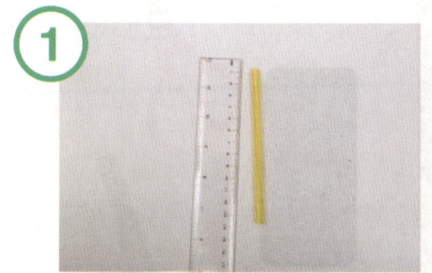

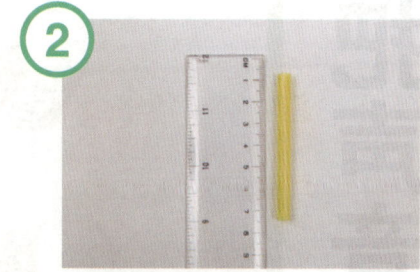

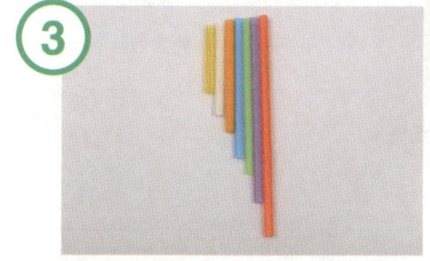

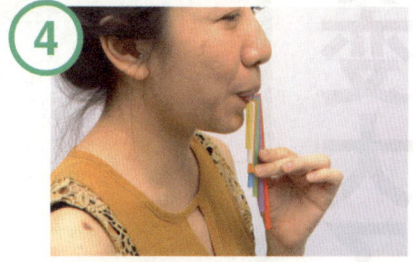

 **科学小教室**

音调高低与频率：

当我们朝吸管吹气时，会造成吸管内的空气柱振动，进而产生声响。当振动的空气柱越长，声音便会越低沉；空气柱越短，声音则会越高亢。吹奏一整排吸管时，就会像排笛一样，有不同的高低音起伏。

游戏 5

我把声音变大了

适玩年龄
8 岁以上

难易度
★★☆

材料

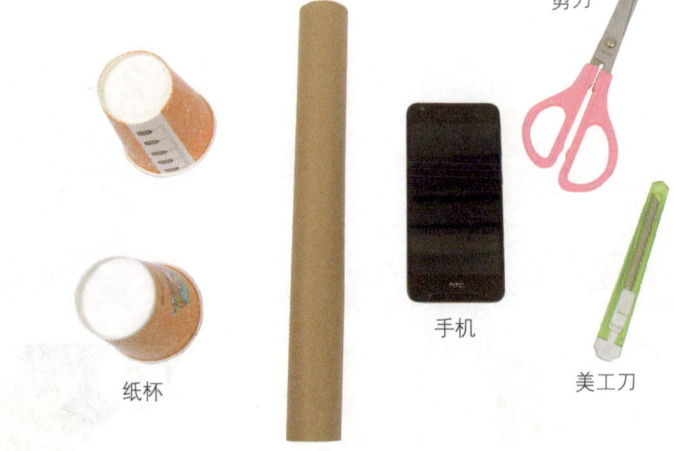

纸杯

保鲜膜纸筒

手机

剪刀

美工刀

注意事项

1. 使用美工刀的时候请务必注意安全。
2. 亦可将杂志卷成圆筒状，代替纸筒。
3. 手机放进纸筒前，确认喇叭在哪一侧。

步骤

❶ 用美工刀将纸筒侧面开一个洞,大小刚好符合手机的宽度。
❷ 纸杯侧面也各开一个洞,大小刚好符合保鲜膜纸筒的宽度。
❸ 将纸杯和保鲜膜纸筒组合起来。
❹ 将手机有喇叭的一端放入保鲜膜纸筒的洞口中,听一听手机播放的声音有什么不同。

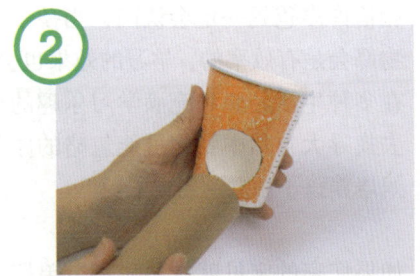
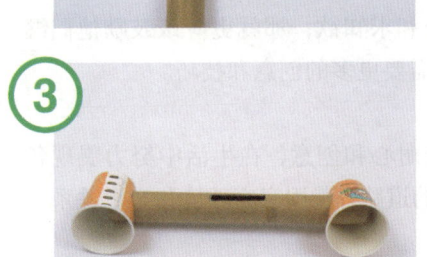

科学小教室

声音的反射:

由于声音的传播是四面八方的,能量较为分散,所以我们听到手机传出来的声音较小。但若是将手机放入纸筒内,声音会在纸筒内不断反射,使声音的能量较为集中,所以可以透过这个集声筒让听到的声音变大。

亲子互动小学堂
Parent-child Interaction Area

相信许多爸妈一定会认同,当孩子在自动自发、自己有兴趣的前提下,学习任何事物都会是有效率的,学习的效果也会是很持久的。如同故事中的甜甜和宝弟两个人,在多种生活经验和充满学习乐趣的成长过程中,会自己去发掘生活中有趣的问题,去找寻大自然中我们可能忽略的原理和现象!这就是学习与成长的主动性,也是爸妈培养孩子独立学习的关键!

如果您家的宝贝就像甜甜和宝弟那样充满好奇心和求知欲,那就更应该鼓励他们继续以旺盛的好奇心学习更多知识。当然,爸妈也需要更多的创意和技巧。

倘若家中宝贝仍在学习阶段,那就请爸妈多一点耐心和创意,在生活中努力展现各种游戏技巧,引导孩子走向创意思考和自我学习的道路,善用家庭环境和亲子关系,陪伴孩子学习,一同玩耍,一同成长!

CHAPTER

嗅觉系列

4

嗅觉系列

01 这是什么味道？

生活中充满了各式各样的味道，可能是食物的味道、青草的气味、医院的消毒水气味……每一种味道都代表着不同的情境，也影响着每一个人的心情和感受。

想想看，家庭生活中是否也可能因为增添香气，而改变大家固定的互动模式与心情呢？比方说，大人会因为咖啡香味而心情舒缓，孩子会因为食物香味而胃口大开。若是利用天然材料所产生的嗅觉做科学游戏，一定会让家庭气氛变得更好，一起来玩科学游戏吧！

"哇,又有这么多柚子。之前奶奶种的橘子还在冰箱里,该怎么处理啊?"看着桌上的水果,甜甜妈绞尽脑汁要消化这些孩子们不怎么爱的食物。

"妈妈,我们星期四要户外教学,我可以准备什么吃的东西?而且老师说要穿长裤,因为那边有一片大草地和喷水池。"甜甜一边说一边走进厨房,"啊,这么多柚子?今天要吃柚子大餐吗?我觉得柚子闻起来香香的,感觉很舒服!"甜甜妈这才发现,原来甜甜喜欢这样的味道。

"妈妈很喜欢公园里除完草的味道,闻起来很清新,心情都好起来了。"走进来的爸爸开心地说:"大家都知道自己喜欢什么味道、不喜欢什么味道吗?生活中很多味道,有些是天然的,有些则是人工制造的,大家又知道怎么观察和分辨吗?不如来玩嗅觉游戏吧!我们一起来好好'闻'一下!"

"太好了,科学游戏时间又开始了!"这回轮到甜甜妈开心了。

游戏 1

神奇蚊不叮

适玩年龄 3 岁以上

难易度 ★☆☆

材料

- 精油乳化剂
- 喷雾罐
- 茶树精油、香茅精油、桉树精油
- 量杯

注意事项

1. 使用前,要先摇晃均匀再喷洒。请注意不可对着伤口或脸部喷洒。

2. 天然酒精会挥发,所以效力不会持续太久,使用约 30～50 分钟就要再喷一次。

步骤

❶ 先在喷雾罐中加入水。

❷ 任取其中一款精油 5 毫升加入 95 毫升的水中。

❸ 加入精油乳化剂少许，然后摇晃。

❹ 拧紧喷雾罐，完成！

  **精油的特性：**

天然植物中所提炼出来的精油，有些可以吸引对人类有益的昆虫接近，有些则可以使对人类有害的昆虫避开。

我们可以在化学材料商店买到需要的精油，简易加工后，就是可以随身携带的防蚊液哦！

游戏 2

气味闻香瓶

适玩年龄 **3岁以上**

难易度 ★☆☆

材料

不透明罐子　　卫生纸

盐　糖　胡椒　咖喱粉　气球

注意事项

在闻香时，注意不要让孩子将罐子倒过来，否则容易导致罐里的粉末洒出，把孩子呛到。

步骤

❶ 准备好干净且干燥的罐子。
❷ 将各种不同调味料分别倒入罐中。
❸ 用卫生纸封住罐子，并在卫生纸上戳几个小洞。
❹ 让孩子利用嗅觉，猜一猜罐中分别是什么调味料，写下答案并配对。

科学小教室

气味特性：

吃东西时，我们除了利用味觉分辨食物之外，嗅觉也占了很大一部分。各种不同的调味料都有不同气味，可以通过此气味分辨出其不同之处。

游戏 3

我的造型香皂

适玩年龄
9 岁以上

难易度
★ ☆ ☆

材料

透明皂基

天然精油　模具　食用色素

搅拌汤匙

可加热容器

手套

注意事项

1. 使用锅炉加热请注意安全,并记得戴手套。
2. 加热过程中记得同时搅拌。
3. 市场上的香皂一块约 100 克,可自行调整重量。

 **步骤**

❶ 将皂基放入锅中，加热到完全融化。

❷ 加入天然精油及色素，搅拌均匀。

❸ 分装至不同模具中，等待冷却。

❹ 造型香皂完成！

 **科学小教室**

皂化原理：

透明皂基是利用皂化反应在油脂和碱液中加上酒精、甘油等，以蒸煮方式产生的，故又可以称为透明甘油皂基。小朋友家中使用的肥皂，主要成分就是皂基！皂基可以清洁、温润肌肤。搭配喜欢的味道，做一块肥皂一点都不难哦！

游戏 4

巧克力画糖

适玩年龄
9 岁以上

难易度
★★☆

材料

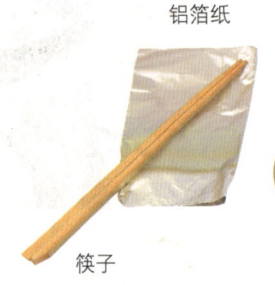

筷子　　铝箔纸　　巧克力

大小锅各一口

注意事项

1. 隔水加热的温度不可太高，否则巧克力容易烧焦或变质。
2. 小锅内不能有水，否则巧克力容易变质。
3. 加热时间请勿过久，否则巧克力容易产生油水分离的现象。

步骤

❶ 将巧克力切碎，放入小锅中隔水加热。
❷ 过一段时间后会发现巧克力融化。
❸ 撕一张铝箔纸铺在桌面上，用筷子沾取巧克力液，在铝箔纸上面画画。
❹ 待巧克力干燥后，就变成有造型的巧克力了！

 **科学小教室**

熔点：

巧克力中的可可脂熔点并不高，只要稍微加热就可以让其融化成为巧克力液，进而动手做出自己喜欢的造型巧克力。

游戏 5

不用水果的果汁

适玩年龄 6 岁以上

难易度 ★☆☆

材料

食用色素　食用香精　搅拌棒　杯子数个　滴管　柠檬酸　糖　小苏打

注意事项

1. 人工香精请勿食用过量，对人体有害。
2. 食用色素使用过多，可能会对人体造成伤害，请酌量使用。
3. 柠檬酸和小苏打混和时会产生大量的气泡，所以请勿将水装太满，以免溢出。
4. 使用人工香精之前，请保持室内通风，以免味道过浓，造成身体不适。

 **步骤**

❶ 在每个杯子中加入水，并将不同的食用香精酌量滴入不同杯中，直至有足够香气。
❷ 再加入适量食用色素，让颜色更加美观。
❸ 可以加入糖、柠檬酸来调味。
❹ 若是同时加入柠檬酸和小苏打，则会产生类似汽水的气泡效果。

 **科学小教室**

食品添加剂：

人工香精是合法的食品添加剂，主要是利用人工的方法，将原料调和出类似食品的香味。像是市面上的草莓奶茶、巧克力牛奶等，很多都是利用人工香精调味而成的！

此实验最主要是想让孩子知道"人工香精"的存在，提高对市场上饮料的认知。

亲子互动小学堂
Parent-child Interaction Area

许多辛苦的爸妈为了孩子，总是努力工作和生活，期待可以给孩子更好的成长环境。如同每日都需要为孩子准备三餐的甜甜妈，忙碌之余会突然发现，自己从来都不知道女儿喜欢柚子的香气。其实，在每天固定的任务之余，可以留下一些时间和空间，和孩子们聊聊天，享受一下心灵沉淀的感觉。

随着孩子逐渐长大，爸妈会发现越来越难和孩子有共同的话题。孩子每天忙着上学，假日又会和同学外出，在家庭时光越来越少的情况下，父母如何和孩子在生活中拥有更多话题，建立聊天的沟通习惯呢？其实可以从父母自身做起。

首先，爸妈可以和孩子分享自己的生活，也就是习惯在全家相聚时（晚餐餐桌上）聊聊自己上班过程中发生的有趣事情。但一开始不必要求孩子也分享。

等到大家都习惯彼此聆听之后，父母可以随口问一下："姐姐呢？在学校有没有遇到好笑的事情？就像爸爸的同事发生的……"鼓励孩子参与话题。最后在建立彼此沟通的模式之后，爸妈会惊喜地发现，其实孩子都在暗暗地观察生活周遭，甚至会逐渐观察并在意爸妈的心情和生活。

笔记栏

嗅觉系列

02 气味大变身

原本不起眼的、将被丢弃的食物，也有可能华丽转身、重新被拥有吗？倡导环保的时代，父母如何从家庭教育开始，让孩子自小培养爱惜食物资源、关心环保的生活态度呢？那就从找到身边可利用的食物资源，将其DIY成为特殊用途物品开始吧。把这样的创意精神和产品用在自家宝贝身上与家庭环境中，一定会为亲子互动加分！

拍拍自己的肚子，甜甜和宝弟满足得说不出话来，因为他们解决了大半颗柚子。"你看这么多柚子皮，妈妈一定会吓一跳。"

"不过这一堆果皮可以怎么处理？还有，姐姐你看，这一束花我记得是上回阿姨给的，好像放很久了，都没有香味了。等一下问妈妈要不要和果皮一起丢掉吧。"

爸爸神秘兮兮地从旁边经过，对两个吃水果吃得很过瘾的孩子说："如果有人可以在半小时后找出处理柚子皮和快要枯萎的花的方式，周末大采购时就可以吃冰淇淋。条件有两个：第一，果皮不可以直接丢掉；第二，用果皮所制作的东西一定要有功能。你们可以上网或是看书，半小时后厨房集合。"

今天的爸爸不大一样了，居然让甜甜和宝弟自己动手动脑去寻找办法。期待他们可以为这些原本平凡得即将要丢弃的东西，找到崭新的用途。

"我和弟弟一起想了很多方法。爸爸，你准备好周末请我们吃冰淇淋吧。"

游戏 1

咖啡除臭包

适玩年龄
5 岁以上

难易度
★☆☆

材料

卤包袋　　汤匙　　咖啡渣

注意事项

1. 咖啡渣务必干燥，否则容易产生发霉的现象。
2. 咖啡除臭包需要定期更换，以达到良好的除臭效果。

 **步骤**

❶ 将咖啡渣晒干或加热至干燥。
❷ 装入卤包袋,一袋约 5 汤匙。
❸ 将卤包袋口封起,避免咖啡渣外漏。
❹ 和孩子一同美化包装,做成可爱的除臭包。

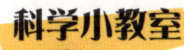 **科学小教室**

分子原理:

由于咖啡渣的表面积非常大,可以吸附空气中漂浮的气味分子,所以我们可以利用烘干后的咖啡渣,放进冰箱或衣橱,达到除臭的效果。

游戏 2 橘子清洁剂

适玩年龄 9 岁以上

难易度 ★★☆

材料

- 玻璃瓶（可多准备）
- 95% 酒精
- 椰子油起泡剂
- 橘子皮 600 克
- 滤袋
- 食盐
- 小苏打粉

注意事项

1. 橘子皮剪得细碎一点比较好。
2. 使用酒精时，不要沾到眼睛。

步骤

❶ 先将600克的橘子皮洗净，并切成丝状或条状。
❷ 将橘子皮放入玻璃瓶中，并加入1000毫升酒精。
❸ 静置一周后形成橘子精油。用滤网将橘子皮滤出，取出精油部分使用。
❹ 精油加入300毫升冷开水，并加入一匙食盐，均匀搅拌。
❺ 加入700毫升椰子油起泡剂，搅拌至透明状，分装入罐子中。

环保溶剂——橘油：

橘子皮里含有丰富的橘油。橘油本身有清洁去污的效果，又因为是天然物质，环保无污染。若是另外加入小苏打还能具有去油去污渍的强效功能，是家中清洁的好帮手。

水和苏打粉的比例大约是200:1。

游戏 3

蚊子远离我

适玩年龄
9岁以上

难易度
★☆☆

材料

锅

蜜蜡　　香茅油

模具

注意事项

1. 温度一旦降低，蜜蜡便会马上凝固，所以清洗锅具时，不可用冷水冲洗。建议可以在蜜蜡还是液态时，使用纸巾擦拭干净。

 **步骤**

❶ 将 100 克蜜蜡放入锅中，加热至蜜蜡完全融化。
❷ 将融化的蜜蜡倒入模具中。
❸ 加入香茅油 30 毫升，搅拌均匀。
❹ 等待冷却凝固后即完成。

 **科学小教室**

固化原理：

香茅的防蚊效果在植物中一直是名列前茅的！利用蜜蜡能将香茅固化的功能，制成自己的防蚊香茅砖，可增加其保存的便利性，又可使其散发出香茅的特殊气味，以达到防蚊的效果。

亲子互动小学堂
Parent-child Interaction Area

相信许多孩子对于"果皮"的既定印象就是"吃完水果之后丢到垃圾桶",甚至有一些情况是"根本没有果皮,因为爸妈都已经处理过了,我直接吃果肉就可以"。其实,有时候孩子所拥有的经验值越多,就越能够独立处理在生活中所遇到的问题。

这一次家庭科学游戏,爸爸巧用奖励制度,给孩子一个自我探索与独立思考的机会。善用生活周遭的信息渠道,让孩子在探索之间建立思考的习惯,并且尝试化腐朽为神奇的创意发想。这是一个很棒的亲子互动经验。

当然,父母可以适度地给予孩子协助,特别是在动手规划流程、完成作品的阶段。毕竟在执行过程中需要有逻辑与顺序概念,并且要搭配安全的步骤与材料。这些步骤也会完整连动亲子之间彼此信任与分工的默契,是一个很重要的经历,为此提供给各位父母作为设计科学游戏的参考。

笔记栏

嗅觉系列

03 我喜欢的味道是……

舒适的家庭环境应该具备哪些必要条件呢？除了质量良好、符合家庭特色的家具和陈设装潢之外，父母有没有想过"气味"也是代表家庭风格、调节家庭气氛的重要成分之一呢？

当我们因为躺在草地上闻着清新气味而放松，利用各种精油放松身体与心灵的同时，也可以为家庭气氛、孩子情绪做些许的选择和调整。就让我们一起动手做出属于自己家庭的美好味道吧！

家庭采购日到了，甜甜一家人正开心地在卖场里购物。甜甜看着身旁的精油专柜，闻着它传来阵阵玫瑰香气，开心地对妈妈说："这个味道我之前在大表姐房间闻过，大表姐说她最喜欢这一款香水，闻起来很香很舒服。我们可以买这个精油吗？"

宝弟也凑过来闻："这个味道太女生了，不喜欢。妈妈，我们试试这一个清新香草味道……"两姐弟你一言我一语地讨论起来，完全忘记今天到卖场的主要任务。

爸爸叹了一口气："好啦，两位小帮手，我们今天要买很多东西，如果真的有兴趣，我们可以一起研究看看，要怎样可以制作出你们喜欢的天然香气。"甜甜和宝弟立刻跑回爸爸身边，开心地询问："那我们可以玩香味的科学游戏吗？需要先准备什么？我们什么时候要开始做呢？我们等不及了！"

爸爸笑了："首先，把今天购物的任务完成。接下来，我们回到家看看是不是还有天然的水果或是植物可以使用。不过你们也要想一下自己想要的味道哦。"

游戏 1

动手做香水

适玩年龄
5 岁以上

难易度
★☆☆

材料

薰衣草干花　　罐子　　酒精

注意事项

1. 制作出的香水，请勿食用。
2. 香味需要时间调和，请等待至少一个月。

步骤

❶ 准备好干净且干燥的罐子。
❷ 将薰衣草装至罐子的三分之二。
❸ 之后再倒入酒精到全满。
❹ 半个月后,利用滤纸更换新的薰衣草。再等半个月即可使用。

醇类特性:

花草中的香味为醇类等有机物质,这些物质可以溶解在酒精中,利用酒精将香味萃取出,香水就完成了。

游戏  2

糖的香气

材料

黑糖　　冰糖　　不透明塑料罐

白糖　　二砂糖

气球　　　　　卫生纸

适玩年龄 **3** 岁以上

难易度 ★☆☆

注意事项

塑料罐要干净且干燥。

步骤

1. 将各种不同的糖分别放入罐中。
2. 用卫生纸包住罐顶，并剪下不同颜色的气球顶端，作为固定卫生纸的橡皮筋。
3. 在卫生纸上戳几个洞，让孩子利用嗅觉，猜猜看罐中分别是什么调味料。
4. 让孩子写下答案配对。

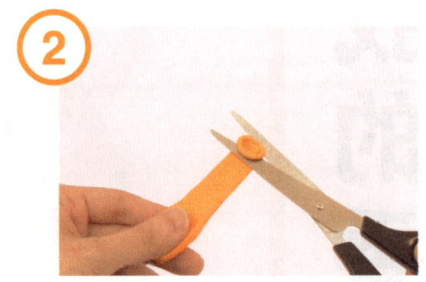

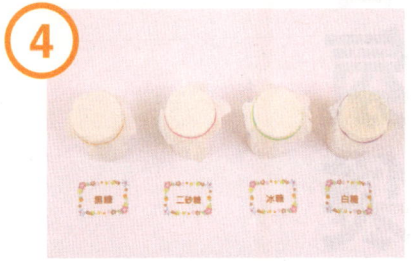

科学小教室

香味分子：

不同的糖，组成成分及制作过程不同，所以即使都是"糖"，仍旧会有不同的香气，非常好分辨。让孩子从小就有机会接触日常生活中的食料素材及用途，增加生活常识。

游戏 3

我的香氛袋

适玩年龄 3 岁以上

难易度 ★☆☆

材料

棉花

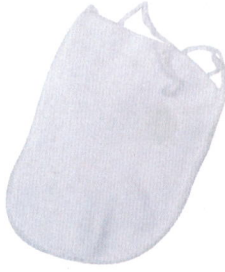
茶包袋

喜爱的精油

注意事项

精油添加适量即可，以免味道过浓。

 **步骤**

❶ 准备好喜爱的精油。
❷ 滴在棉花上。
❸ 将棉花装入茶包袋中保存。
❹ 属于自己的香氛袋就完成了！

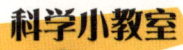 **科学小教室**

毛细现象：

利用棉花本身的"毛细现象"使棉花能够吸收精油，可以让精油在棉花中储存一段时间，达到持续散发精油香气的功能。

自己做的香氛袋，无论是收纳在包包里还是挂在室内都很合适。

游戏 4

「合香」的味道

适玩年龄 **9 岁以上**

难易度 ★★☆

材料

碳粉　　香料粉　　甘油

注意事项

1. 注意空气流动造成的粉末扬起。
2. 合香塑形后，放至干燥比较容易燃烧。

步骤

❶ 将香料粉和碳粉倒在碗里。
❷ 搅拌均匀。
❸ 加入些许甘油至有黏性，捏制塑形，放至干燥。
❹ 点火燃烧，闻闻味道。

 **科学小教室**

香味粒子与嗅觉：

合香是指由一种以上的香料混合后制作出来的熏香。

香料中的香味粒子，经过燃烧后变成烟雾散布至空中，我们即可闻到味道。

亲子互动小学堂
Parent-child Interaction Area

随着孩子年龄增长，爸妈会发现孩子越来越重视外表，关注的议题也会逐渐放在流行事物上。其实爱美是天性，孩子也会随着接触的信息而变得更加有自己的想法。既然这是孩子成长过程中一定会遇到的议题，那就把这样的议题放在家庭活动中，一起陪同孩子面对美的需求和渴望吧。

如同甜甜爸妈的处理模式，利用生活中的常见物品，在自然和安全的情形下，满足孩子的期待之余，同样也希望孩子自己寻找信息，决定自己想要的味道，同时也让自己制作出来的香气给整个家庭创造不同氛围。

建议爸爸妈妈也可以一起制作属于自己的香气袋，一起分享并且排出什么时间可以用什么香气的规划表，让香气代表某种特殊意义和心情。如此一来，又可以为亲子互动增添更多聊天的主题，也可以让孩子了解，成长是一种全家一起讨论、一同分享的喜悦。

CHAPTER 5

触觉系列

触觉系列

01 触觉大不同

环境中充满各种感觉,唯独"触觉",需要刻意地去接触和感觉。正因为这样的特性,我们从孩子小时候起就给他们足够的拥抱,比如洗澡时给予全身的触觉感受。这也逐渐帮助孩子的感觉经验更加丰富。但是,随着孩子年龄逐渐增长,触觉的经验要怎样才会足够呢?通过有趣的触觉科学游戏,让孩子在日常生活中也可以有寓教于乐的美好回忆!

"天气又湿又冷，冬天真是让人不喜欢的季节，重点是这件毛衣穿在身上好难过，有点痒痒的……"宝弟一边穿上大外套，一边抱怨。

"不会啊，可以穿上又软又暖的衣服，我觉得很舒服，感觉全身被包起来很有安全感啊！"甜甜一边说一边把毛帽戴在头上，把自己包得像是大雪人一样。

"姐姐你真的很厉害，毛衣和毛帽的触感你都不会不喜欢吗？我觉得我好像对衣服材质和湿湿凉凉的感觉很敏感。"

"其实每一个人感觉的敏锐度都有所不同，有些人会怕泡沫塑料带来的听觉刺激，也有些人不喜欢快速移动物体带来的视觉刺激。当然，也有人跟宝弟一样，触觉是比较敏感的，不喜欢衣服上的标签，或是领子的材质。"爸爸听到姐弟俩的对话，笑着回答。

"聪明的爸爸，请问有方法可以治疗我的触觉吗？因为这样的话，冬天都让我很烦躁。有没有好玩的游戏可以帮助我转移注意力？"宝弟对爸爸撒娇。

"想要玩游戏就直接说吧！拐弯抹角的。那我们就来玩玩和身体相关的科学游戏吧！"好耶！姐弟俩又开始充满活力了。

游戏 1

铁水传导线

适玩年龄 3 岁以上

难易度 ★☆☆

材料

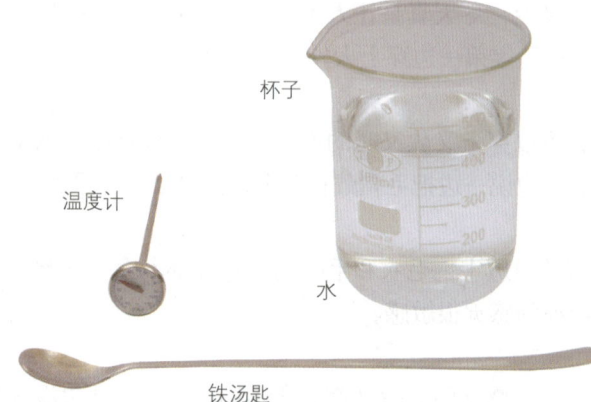

杯子
温度计
水
铁汤匙

注意事项

1. 可以使用较大的汤匙，以免汤匙温度变化太快。
2. 不可放入冷冻库，否则水会结冰。
3. 可以使用红外线温度计，以免汤匙和水因为接触到温度计而改变温度。

步骤

❶ 用杯子装水至七分满，将铁汤匙和水同时放入冰箱中冷藏一段时间。
❷ 取出后，用温度计测量铁汤匙的温度。
❸ 再测量冰水的温度，确定两者温度相同。
❹ 请孩子用手触碰汤匙以及水，感受两者的差异。

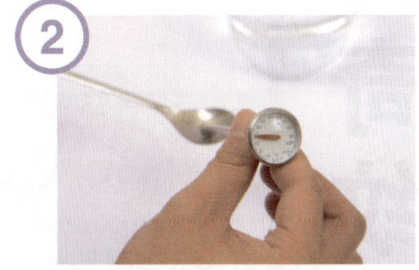

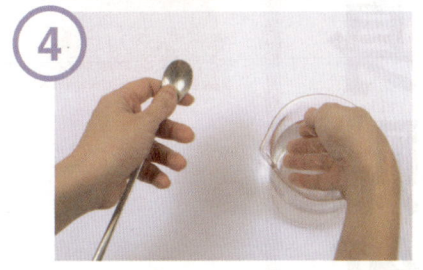

 **热的传导：**

人体感受到的温度是通过热量传输所导致的，若是热量快速流出身体，就会感受到寒冷；反之，则会感觉到热。由于铁和水的比热不同，热量传输的速度不一样，所以就算两者温度相同，人体所能感觉到的温度还是不一样的。

铁的比热较小，热量传输快，所以若是碰到冰冷的铁，感受到的寒冷程度会比相同温度的水更为强烈。

游戏 2 神奇纹身贴纸

适玩年龄 **3** 岁以上

难易度 ★☆☆

材料

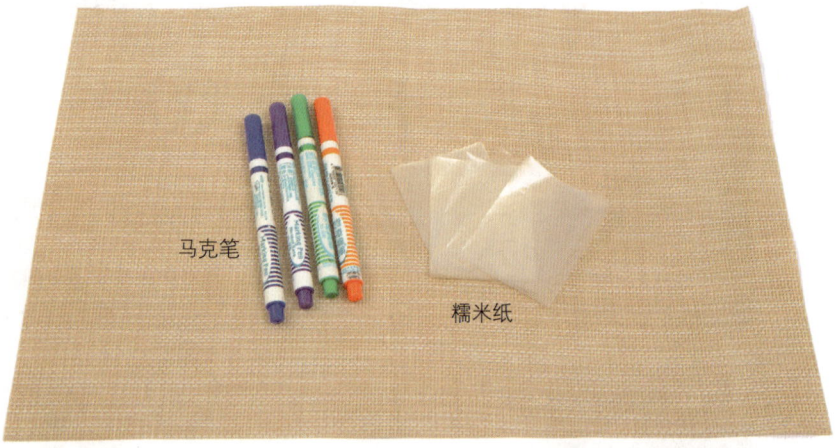

马克笔　糯米纸

注意事项

1. 糯米纸勿放在潮湿处，容易软化变质。
2. 马克笔在糯米纸上画画时，背面可以垫张纸，以免颜色透过去。
3. 糯米纸干了之后，很容易就可以撕下来，不会残留在身上。

步骤

❶ 将喜欢的图案画在糯米纸上。
❷ 选好要纹身的皮肤位置，将糯米纸剪下。
❸ 将糯米纸沾水打湿，糯米纸就会像纹身贴纸附着在手上。
❹ 可以将糯米纸分别放在水中和酒精中，观察其变化。

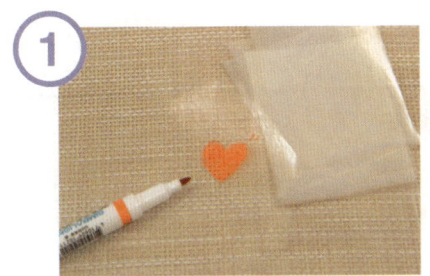

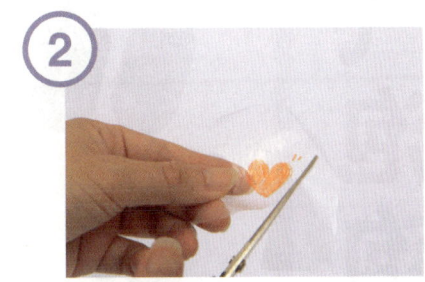

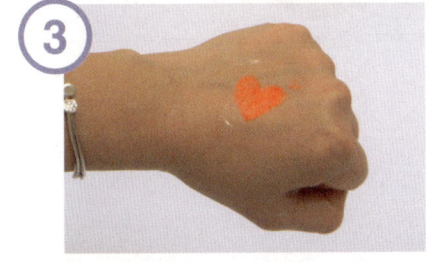

  **淀粉的特性：**

糯米纸是用番薯、玉米或是小麦粉制作而成的，其主要成分是淀粉。当这些淀粉碰到水之后，就会产生糊化的现象，变得黏黏的。于是我们可以利用这个特性，自己制作出无毒的纹身贴纸哦！

游戏 3 气泡泡澡球

适玩年龄 5岁以上

难易度 ★★☆

材料

精油　模具　小玩具　甘油适量　小盆

香料　小苏打粉　柠檬酸　玉米粉

注意事项

1. 色素不宜加入太多，否则会造成清洗时的阻碍。
2. 甘油加入至可以将粉末混和成型即可，不用太多，否则容易有滑腻感。
3. 可以将混合好的粉末分装至不同容器中，加入不同的颜色和精油。
4. 模型和小玩具要符合耐热温度（泡澡温度约为45℃以内）。
5. 在制作泡澡球时务必保持干燥，远离水源。

❶ 将小苏打、柠檬酸、玉米粉混和倒入盆中，比例为 6:2:1。
❷ 加入适量的甘油、香料、精油，用手搓揉混和。
❸ 将步骤 2 混和完成后放入模具中，可以将小玩具埋在其中。
❹ 两到三小时后，待泡澡球变硬成形，就可以取出使用。
❺ 丢入水中会产生变化，小玩具会浮现出来哦！

酸碱清洁剂：

柠檬酸和小苏打是容易买到的安全清洁剂，对肌肤不会产生刺激。在外所累积的脏污，有些是酸性污垢，有些是碱性污垢。柠檬酸是酸性清洁剂，能将碱性污垢带走；小苏打是碱性清洁剂，可以清洁掉酸性污垢，两者结合起来便可以清洗掉大部分污垢。

小苏打碰到酸性物质，便会产生大量二氧化碳，在水中冒出大量气泡，泡澡时也具有按摩效果！

游戏 4

化石的拓印

适玩年龄
5 岁以上

难易度
★★☆

材料

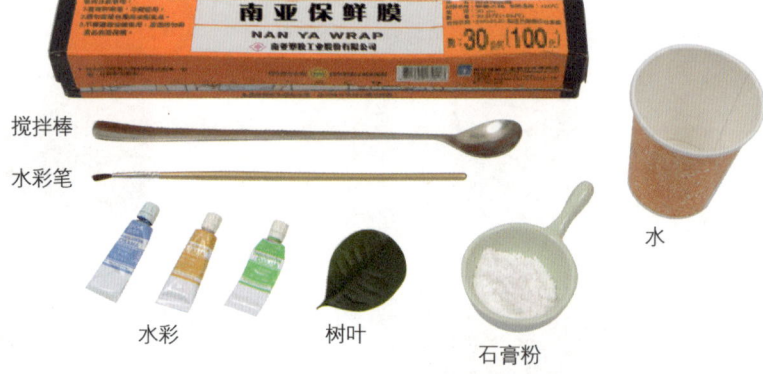

保鲜膜（或铝箔纸）

搅拌棒
水彩笔
水彩
树叶
石膏粉
水

注意事项

1. 石膏糊变干的时间会因天气湿度略有不同，若遇到下雨天，等待时间需要比步骤时间再多 5～10 分钟。

2. 可以先将石膏粉倒入杯中，再慢慢加入水，依照情况调整水量，直到形成糊状为止。

步骤

1. 石膏与水大约以 4:1 的比例倒入杯中,搅拌成糊状后,将石膏糊倒在保鲜膜上,用搅拌棒将石膏糊表面抚平。
2. 叶子背面朝下贴住石膏糊,用牙签调整位置。
3. 约 10 分钟后将叶子拿起。
4. 再等 15 分钟,石膏颜色变淡,意味着石膏完全干了,可以用水彩在石膏上着色,看起来更漂亮;或签名、写下祝福话语,也可以当作小物送人。

科学小教室

硫酸钙的特性:

石膏的主要成分是硫酸钙,当它与水结合后,会产生出大量的热,并且开始硬化。除了拿来制作饰品之外,石膏也常常被拿来当作医疗材料哦!当伤患骨折需要固定位置时,医生便会用石膏制作一块符合伤处大小的固定器,让受伤的部分不会再一次受到伤害。

游戏 5
超水感护手霜

适玩年龄 **5岁以上**

难易度 ★☆☆

材料

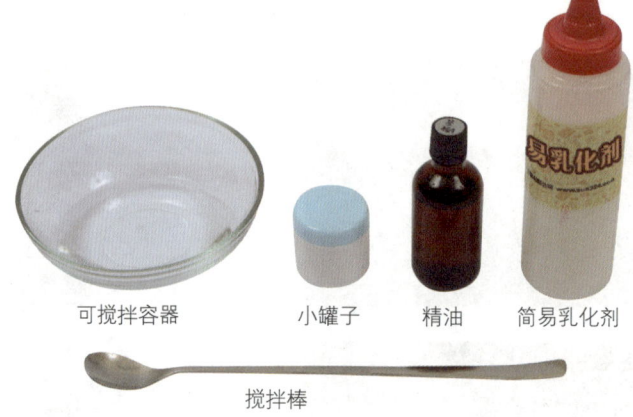

可搅拌容器　小罐子　精油　简易乳化剂

搅拌棒

注意事项

1. 加入乳化剂先由少量开始，量越大，成品越浓稠。
2. 搅拌一定要均匀，精油也不要加入太多，适量即可。
3. 使用纯水可以增加乳液的保存时间。

步骤

❶ 将简易乳化剂与水加入塑料杯中搅拌，直至均匀混和。
❷ 加入适量的精油继续搅拌。
❸ 装入干燥的小罐子中。
❹ 超省钱的超水感护手霜就完成啦！

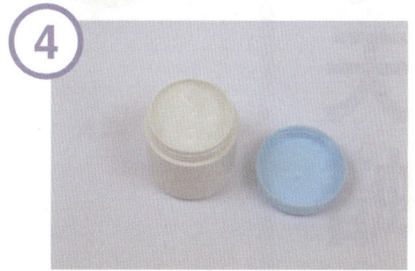

 **科学小教室**

乳化剂的特性：

乳化剂是界面活性剂的一种，能够将互不相溶的两种物质（如水和油）混合在一起，让乳液不会分层，形成稳定的乳白色外观。乳液的主要成分是水、油和乳化剂，再依据个人喜好加入喜欢的精油就完成了。乳液除了富含水分之外，加入的油脂亦可避免水分散失，达到保湿效果。

游戏 6

玉米寒天蜡烛

适玩年龄
9 岁以上

难易度
★★★

材料

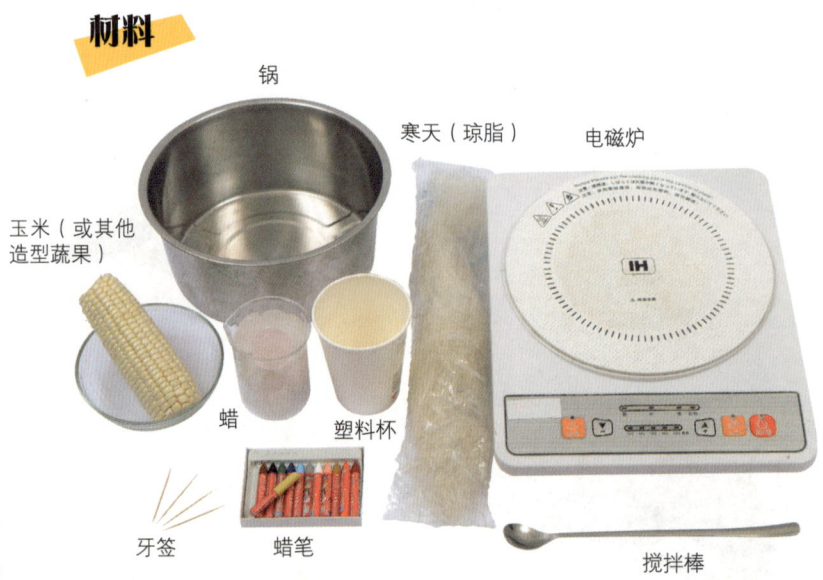

- 锅
- 寒天（琼脂）
- 电磁炉
- 玉米（或其他造型蔬果）
- 蜡
- 塑料杯
- 牙签
- 蜡笔
- 搅拌棒

注意事项

1. 因为要做成铸模，要求的硬度比较高，所以寒天的量大约是包装上建议量的两倍。
2. 若是没有蜡用色素，亦可直接丢入一小截蜡笔调色。
3. 蜡较难清洗，建议在其还处于液体状时，使用面纸擦拭。
4. 蔬果尽量选择较坚硬的，成功率会比较高。

步骤

❶ 寒天加水，煮到溶解后倒入杯中。
❷ 用牙签将玉米固定，立在煮好的寒天中，等待冷却凝固。
❸ 寒天凝固后，轻轻将玉米取出来，便完成寒天模具。
❹ 将蜡加热至融化成液体状后，加入蜡笔调色，再倒入模型中，并放上棉芯。
❺ 待蜡烛凝固后从模型中取出，自制的玉米造型蜡烛便完成了！

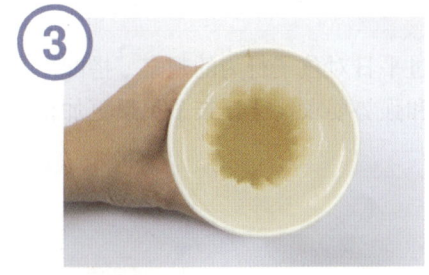

 **科学小教室**

寒天的特性：

寒天是海藻破壁的萃取物，富含胶质，易凝固，常常会被拿来当作制作果冻的原料。我们利用寒天的特性，拿来制作出蜡的铸模，便可以轻易制造出不同造型的蜡烛了！

亲子互动小学堂
Parent-child Interaction Area

如同甜甜和宝弟说的,触觉的确是一种比较难掌握和表达的感受。当孩子遇到不喜欢的感官输入时,可以闭起眼睛停止视觉讯息,捂住耳朵隔绝听觉讯息,不吃、不闻不喜欢的口味和气味,但是只有触觉,会需要从孩子口中说出来,或是通过观察孩子的行为,才会了解其触觉是否敏感。

增加孩子的触觉经验,就是各种触觉游戏的意义之一!亲爱的父母,不要急着去逼迫孩子、要求孩子接受不同材质的衣服。

面对孩子触觉敏感或是拥有特定偏好的问题,通过平日对孩子行为的观察,搭配出现在日常生活中的亲子游戏,取代对孩子的不解和强势要求,会让亲子关系更加稳定,也更可以让孩子认识自己的特质。

笔记栏

触觉系列

02 愉快的触觉

生活中有许多机会能让我们感受不同感觉，这些感觉经验可能是愉快的，也有可能有讨厌的。当我们发现孩子因为走了下过雨的路面而心情烦躁，因为打球满身大汗而对父母大发脾气时，会不会觉得莫名其妙？其实在触觉经验的累积过程中，是可以通过简单的游戏，让孩子在大环境中从容不迫的！不论是冷热、干湿、稀稠感觉等自然环境，都可以让孩子产生美好的体验。

今天是学校运动会,甜甜和宝弟都参加了团体接力赛,也在运动项目中获得了好成绩。

"你们看,这是我们班得到的团体奖,很棒吧!"姐弟俩开心地向父母展示自己的成绩,没料到,突然下起了大雨。

"哇,全身都湿了,头发黏在额头上,好讨厌,衣服也黏在身上,快受不了了!爸爸你开快一点啦,我想要赶快回家换衣服洗澡!"宝弟突然烦躁了起来,说话口气也越来越不好。

爸爸按耐住情绪:"我知道你觉得黏黏的很难受,那你要不要先拿毛巾把脸上和脖子上的水擦一擦?我们再过十分钟就可以到家了。"

甜甜不解地对妈妈说:"弟弟好奇怪,流汗淋湿又没有什么大不了,干吗发脾气?"妈妈微笑着摸摸甜甜的头:"其实每个人都会有自己不喜欢的感觉,我们应该如何帮助弟弟呢?"

洗完澡换上干爽衣服的宝弟,满脸歉意地走向爸爸,向爸爸道歉。

"我了解你为什么会情绪不好口气不好,所以这周末,我们来玩玩和感觉相关的科学游戏吧。用轻松愉快的方式解释你的情绪,并告诉你要怎样解决,好吗?"宝弟露出笑容,谢谢家人对他的体谅和关心,当然,更是期待周末的科学游戏之旅了。

游戏 1

热量去哪里

适玩年龄
3 岁以上

难易度
★☆☆

材料

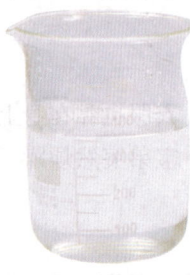 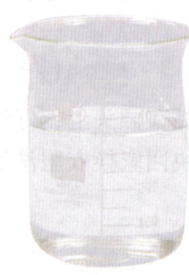 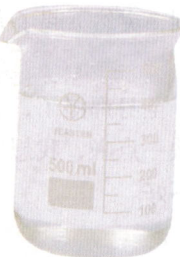

冰水　　　温水　　　热水

注意事项

1. 热水温度大约 40℃即可，以免烫伤。
2. 手放在冰水里面不可过久，以免冻伤。
3. 杯中的水不可过少，以免水温变化太快，影响实验结果。

步骤

❶ 拿出三个杯子，分别放入冰水、温水、热水。
❷ 将一只手放入冰水中，另一只放入热水中，浸泡大约1分钟。
❸ 两手拿出后，同时放入温水。
❹ 仔细感受两只手对温水的感觉有什么差异。

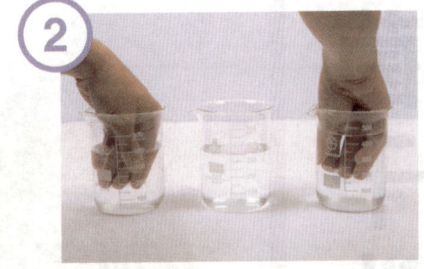

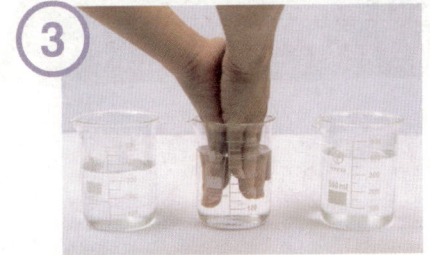

科学小教室

热量传导：

双手浸泡在冰水和热水中时，会造成双手温度不一样；而热量会由温度高的地方流向温度低的地方，所以当把原本放在冰水中的手放入温水时，热量会由温水传到手上，使我们感觉到温水是热的；反之，则会使我们感觉温水是凉的！

游戏 2

杀菌干洗手液

适玩年龄
3 岁以上

难易度
★☆☆

材料

量杯　喷瓶　茶树精油　甘油　95% 药用酒精

注意事项

1. 成品切勿对着人脸喷洒，可能会对眼睛造成刺激。
2. 干洗手液不能取代以水洗手，若有脏污，还是得用水清洗。

**步骤**

❶ 倒入 78 毫升的酒精至瓶中。

❷ 加入甘油、水，直至 100 毫升。

❸ 滴入茶树精油，增加香气，并增强杀菌能力。

❹ 摇匀后装进喷瓶中，就完成了。

科学小教室

酒精杀菌效果：

市面上干洗手液的主要成分为酒精，且以酒精浓度 75% 的杀菌效果最好。若是酒精浓度不高，则无法达到杀菌的效果；若是浓度过高，则细菌表面的蛋白质会硬化，造成细菌只会暂时失去活性，而不会死亡。

成本不高的自制干洗手液方便随身携带，爸妈也会更放心哦！

游戏 3 自制灭火器

适玩年龄 **5岁以上**

难易度 ★☆☆

材料

宝特瓶、蜡烛、小苏打、柠檬酸、剪刀、小汤匙、吸管

注意事项

1. 家里若没有柠檬酸，可以使用醋或柠檬汁代替。
2. 瓶盖钻孔过大时，可以利用黏土做调整。

步骤

❶ 先准备一个塑料瓶，装一半的水，并将瓶盖钻洞。

❷ 将吸管插入瓶盖洞口。

❸ 将小苏打及柠檬酸各两匙放入瓶子内。

❹ 将瓶盖拧紧，并将吸管对着火源，试试看灭火效果。

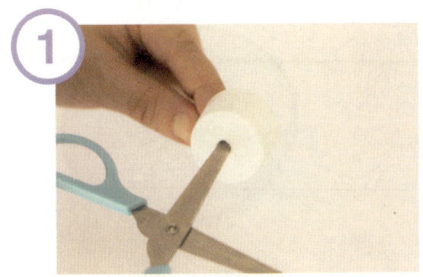
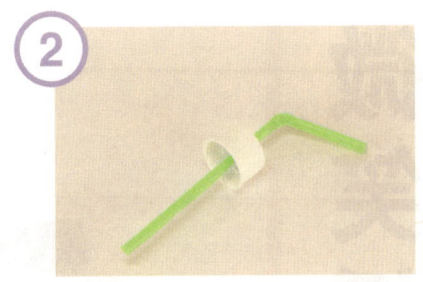

二氧化碳的应用：

小苏打又称碳酸氢钠，也是常见的清洁剂与食品添加物。小苏打碰到酸性物质（如柠檬酸）会分解产生大量的二氧化碳，我们可以用二氧化碳来隔绝燃烧时所需的氧气，因此就能制作小灭火器了！

游戏 4

微笑饭团

适玩年龄
5 岁以上

难易度
★☆☆

材料

塑料杯（或纸杯） 　　煮好的米饭

海苔　　汤匙　　胶带　　盐

注意事项

1. 制作前手一定要洗干净。
2. 纸杯合起贴胶带时要注意对齐，摇晃时才会受力均匀。
3. 大约摇 30～50 下，若是打开后饭团尚未成形，可再合起来继续摇晃。

步骤

① 将煮好的米饭约 3 汤匙放入纸杯中，可加入一点盐调味。
② 将两个纸杯杯口处对接在一起，并用胶带封好。
③ 双手扶住杯子两侧并上下摇动。
④ 打开后即可看到饭团成圆球状。
⑤ 将海苔剪成喜爱的形状，黏在圆形饭团上，即完成。

碰撞原理：

在杯子摇晃的过程中，米饭在杯子里会均匀受力，所以利用碰撞原理，和米饭有淀粉黏稠的特性，可以将白饭制成圆形的饭团。

游戏 5

打不进的面团

适玩年龄 6岁以上

难易度 ★★☆

材料

- 玉米粉
- 面盆
- 水
- 硬币

注意事项

1. 游戏结束之后,请勿将此非牛顿流体直接倒入水槽,容易造成堵塞。可先将其加水稀释后再倒入马桶中。
2. 调配过程较容易弄脏环境,建议在下面垫一层报纸。
3. 若不小心弄脏衣服,用清水就可以清洗干净。

**步骤**

❶ 将玉米粉与水以 5:3 的比例放入面盆中,并均匀混和。

❷ 用力拍打液面,看看是否形成坚硬的外表。

❸ 缓缓地将手放入,看看是否像是液体一般柔软。

❹ 可以将硬币放入脸盆中,让孩子去寻找,增加趣味性。

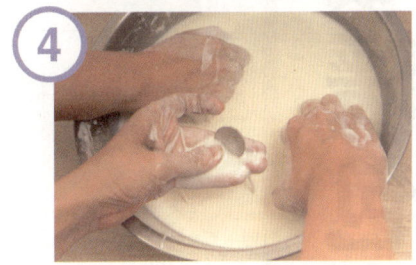

**科学小教室**

非牛顿流体:

非牛顿流体是指不满足牛顿黏性定律的流体,当它遭受到较大的冲击力时,流体内部的分子会紧密排列,让它像是固体一般坚硬;而对它温柔时,它便会以柔软的姿态面对你。

生活中的非牛顿流体非常多,胶水、白胶都算在非牛顿流体的范围中哦!

游戏

红豆暖暖包

适玩年龄
9 岁以上

难易度
★☆☆

材料

红豆

布袋

注意事项

1. 从微波炉中取出暖暖包时，请注意温度。
2. 微波时间依品牌不同有所不同。

步骤

❶ 把红豆倒入布袋中。

❷ 将布袋缝合。

❸ 放进微波炉设定中火加热约 1～3 分钟。

❹ 可以改用白米，也会有相同的效果。

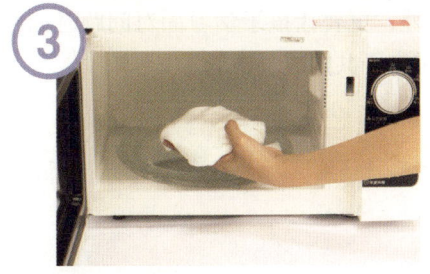

微波炉的原理：

微波炉的原理是微波震荡食物中的水分子导致食物快速加热，所以将红豆放入微波炉内，利用红豆中含的水分子做加热，即可制作成暖暖包。

亲子互动小学堂
Parent-child Interaction Area

相信甜甜和宝弟对于流汗、潮湿、湿黏的反应,一定也发生在许多孩子的生活经验里。

对于孩子感受与感觉敏感的状况,父母可以先以稳定且和缓的态度应对,等待孩子情绪稳定下来之后再进行说明。如此一来,情绪和气氛处于平静的情形下,亲子沟通才会是有效果的,跳脱情绪的限制,会让亲子关系更加亲近。

进行科学游戏,也可以带给孩子"解决问题"的机会,让孩子知道水的多少可以控制稠度,可以调整干湿的感受。除了触觉经验之外,更要让孩子学习面对问题时如何解决问题,让孩子受惠长久,学习自处,这才是亲子共同成长中的意义。

笔记栏

触觉系列

03 怀念的古早味

面对现在如此丰富多样的信息与科技产品，许多家长会停下来反思，我们生活周围还存在着简单而单纯的创意和欢乐吗？原本在父母小时候司空见惯的玩具和物品，如厚纸板、锡箔纸、弹力球、小钢珠等，现在让孩子看到了，他们还会觉得惊喜吗？也许，换个角度，放下高科技的电子产品，回过头来找寻单纯的玩具和物品，也可以拥有更多亲子互动的感动哦！

家庭出游的日子，甜甜一家人去老街逛了逛。

"哇，这个可以弹来弹去的橡皮球好复古啊……这个是弹珠台吗？爸爸你小时候也玩过这个吗？"甜甜和宝弟就像刘姥姥进大观园，每一件事物都让他们觉得新鲜有趣。

宝弟伸手摸了摸黏黏的伸缩橡皮球："这种感觉真让人不舒服，而且可以拉这么长，它会断掉吗？"甜甜冷不防地从旁边拿起一个纸风车，靠近宝弟，却引来弟弟一声大叫："你走开啦，这样我很不舒服，你很幼稚！"不过两人的行为立刻就被爸妈制止了。

"明明知道弟弟不喜欢这种感觉，姐姐怎么可以故意吓他呢？"爸爸严肃地说。"弟弟，对不起，我以为你不会那么害怕，我不是故意的。"甜甜满脸愧疚地道歉。妈妈出来打圆场："每一个人对触觉的接受度不一样，弟弟的确是比较敏感，所以我们才需要协助他。可以让姐姐有个弥补的方式，那就是让她和爸爸一起研究有哪些简单有趣的复古科学游戏，就当作星期日的家庭活动吧。"

游戏 1

闪电吸铁

适玩年龄
3 岁以上

难易度
★☆☆

材料

铁粉

磁铁

玻璃罐

注意事项

1. 若是使用强力磁铁，请远离电子产品，以免造成损坏。
2. 铁粉若不小心洒落，可用磁铁清理。

步骤

❶ 把铁粉倒入玻璃罐中。

❷ 盖上盖子。

❸ 让磁铁吸附在玻璃罐一侧，前后移动磁铁，观察铁粉的变化。

❹ 两端都吸附磁铁，观察铁粉的变化。

 **科学小教室**

磁性原理：

磁铁的磁性只会吸引铁、钴、镍等磁性物质，所以当磁铁靠近硬币（铜）时，硬币并不会被吸引。当我们把磁铁吸在铁粉上时，铁粉会依照磁力的大小不同而有不同的变化图形，十分有趣美丽。

游戏 **2**

五彩转转盘

适玩年龄
5 岁以上

难易度
★☆☆

材料

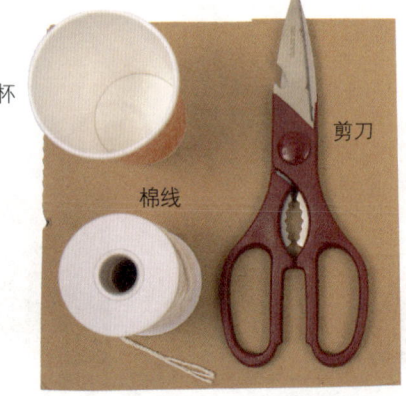

纸杯　剪刀

棉线

厚纸板

纸盘

彩色笔

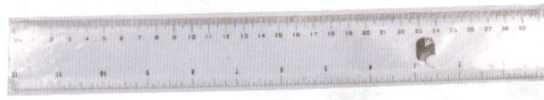

尺子

注意事项

1. 这六种颜色可以使用红橙黄绿蓝紫，看到的效果会是明显的白色。

2. 可以让孩子尝试使用不同的颜色，看不同的色光混和效果。

步骤

① 将纸杯盖在圆形纸上,再画上纸杯圆形,画好后剪下。
② 将圆形纸与厚纸板合并,修剪成完美圆形,并黏在一起。
③ 在圆形纸上以中心点画六条线,将圆形平均分成六等份,各画上不同颜色。在中心点分别戳两个小洞,穿入棉线绑住。
④ 旋转绳子将线缠绕再拉开,即可看到颜色全部混在一起。

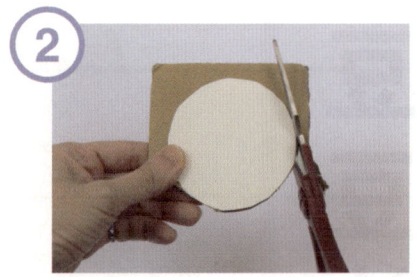

 **科学小教室**

"视觉暂留"现象:

物体快速运动时,当人眼所看到的影像消失后,人眼仍能保留其0.1~0.4秒的图像,这被称为"视觉暂留"现象。当我们看到彩色纸盘快速旋转时,纸盘上的颜色会混和在一起,这是因为眼睛具有"视觉暂留"的特性。而光的三原色混和在一起后,会形成白光,所以我们会看到白色的纸盘。

游戏

豆豆沙包

适玩年龄
5 岁以上

难易度
★★☆

材料

布　针线　红豆　绿豆　生米

注意事项

1. 使用针线时务必注意安全。
2. 可以先用笔在布上画上草稿,方便制作。
3. 填充物可以用其他材料更换,让孩子猜测里面是什么东西。

步骤

❶ 将布剪成想要的形状（如三角形、正方形等），用针线将布的两侧缝合，留下开口的第三边。
❷ 在不同布袋中分别放入各种豆子。
❸ 最后将留的开口缝合起来。
❹ 怀旧风格的沙包即完成。

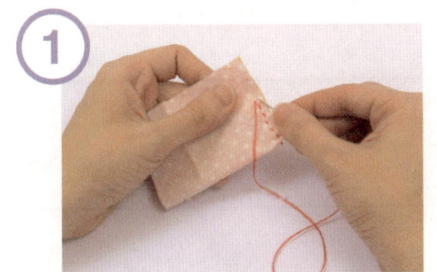

 **科学小教室**

物质特性：

沙包可以变换里面的成分而有不同的用途。比如放入比热较大的红豆后，除了可以当玩具玩之外，微波加热 2～3 分钟后还可以当作暖暖包使用。若是放入较细小的沙子，则可以当作台风天挡水的器材。

游戏 4

跳跳钢弹

适玩年龄
6 岁以上

难易度
★☆☆

材料

铝箔纸

大吸管

钢珠

底片罐子

注意事项

1. 跳跳钢弹的长度不可太长,约 2～5 厘米即可,否则效果不好。
2. 除了在手上之外,亦可制作一个轨道让钢珠跳动。
3. 它需要足够的摩擦力才会有跳动的现象,故尽量使用粗糙的表面。

步骤

❶ 将铝箔纸裁出约 7cm×12cm 左右的大小，包住大吸管成圆柱状，铝箔纸顶端须留收尾处。

❷ 将吸管取出，只保留铝箔纸的部分。将钢珠放入铝箔纸内，轻捏铝箔纸的两端，使两侧封住。

❸ 放入底片罐子并盖上盖子，上下摇晃 20 下。

❹ 取出后，放在手掌上滚动，会发现它像是在跳动一般，十分有趣。

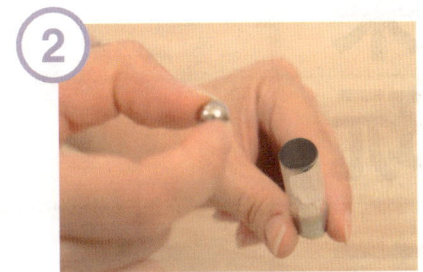

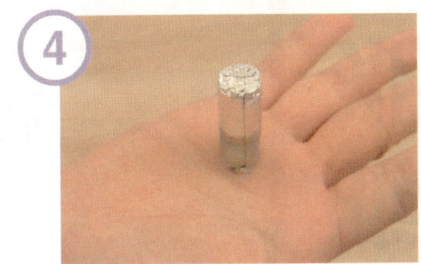

重量原理：

铝箔纸非常轻，所以重量会集中在钢珠的部分，也就是钢珠为这个玩具的重心。当拿着钢弹的手倾斜时，钢珠会在铝箔纸内部滚动，造成铝箔纸像是在跳动的感觉。

游戏 5

来玩一张纸

适玩年龄
6 岁以上

难易度

材料

卫生纸

丝袜

色素　香料

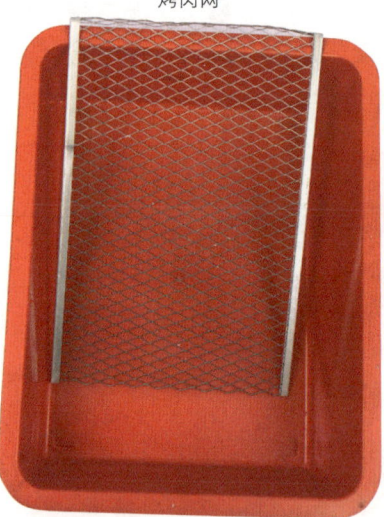
烤肉网　脸盆（比烤肉网大）

注意事项

1. 如果纸张撕得不够碎，可放入果汁机中加水搅拌成纸浆。
2. 使用报纸可以加入浆糊，增加黏稠性，手工纸会更加坚固。
3. 色素可用水彩取代。
4. 纸张不宜太厚，否则容易发霉。可以拿到太阳下曝晒，增加干燥速度。

步骤

❶ 将卫生纸撕碎，泡入脸盆水中至黏稠状，再加入色素、香水搅拌混合。将丝袜套在烤肉网上，自制纱网。

❷ 将纱网平放入脸盆内，水平晃动纸糊后拿起纱网，使纸糊均匀摊平在纱网上。

❸ 先把报纸盖在纸糊上，用海绵轻压吸水。

❹ 将纱网连同报纸翻面，并用力施压，使手工纸更为平整。最后将纱网小心拿起，待手工纸放置干燥即完成。

❺ 干燥后的手工纸，可以依照自己的需求剪裁利用。

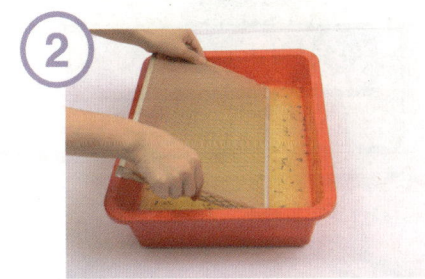

科学小教室

纸张特性：

纸张的纤维在水中打碎后，可以形成纸浆；利用绢网将纸浆聚集，经由压制的过程，可以再形成新的纸张。

游戏 6

塑料杯吊饰

适玩年龄
6 岁以上

难易度
★☆☆

材料

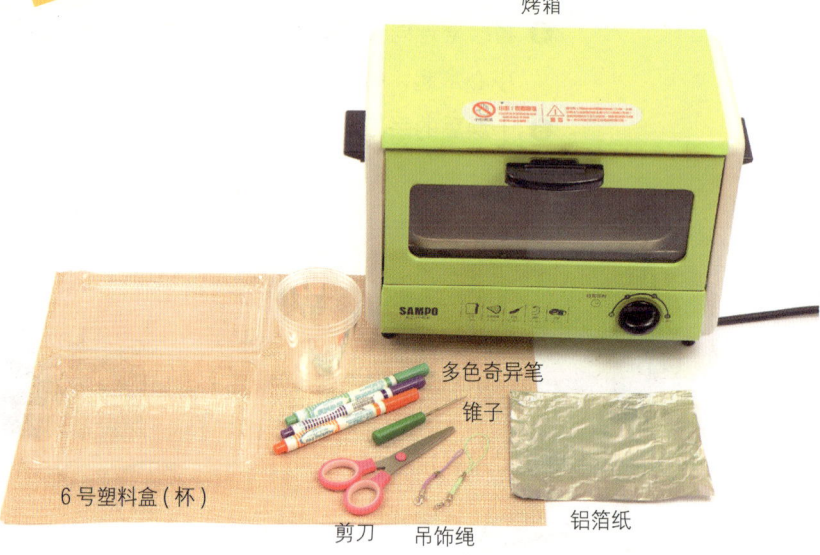

- 烤箱
- 多色奇异笔
- 锥子
- 6号塑料盒(杯)
- 剪刀
- 吊饰绳
- 铝箔纸

注意事项

1. 烤盘温度很高，请小心别烫伤。
2. 烤过塑料片的烤箱，门打开后，透气一阵子，让内部有害气体排出。
3. 若是找不到6号塑料盒，也可到便利店购买6号塑料杯。
4. 拿取饰品时，若还不确定是否完成，可用筷子轻压饰品，看看是否已经硬化。

步骤

❶ 利用奇异笔在塑料盒上画上美丽的图案。
❷ 将画好的塑料片剪下，放到包好铝箔纸的烤盘上，放入烤箱。
❸ 启动烤箱后，从烤箱玻璃门中可以观察到塑料片慢慢变小。
❹ 当塑料片停止变化时，将烤盘取出。
❺ 用锥子在软化的塑料片上戳一个洞，当作吊饰孔。将冷掉的塑料片拿起，即形成可爱的自制吊饰。

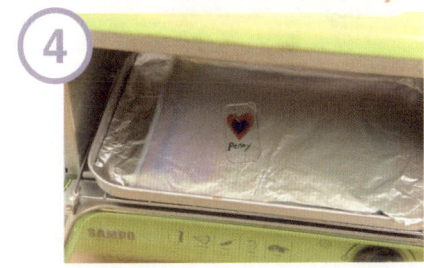

 **科学小教室**

塑料的热塑性：

6号塑料的主要成分是聚苯乙烯，是一种热塑性的塑胶，遇热时会软化，可以在这个时候塑形。利用这个特性，我们可以用烤箱将其加热，让它有变形缩小的效果，进而制造出自己的专属吊饰。

游戏 7

树枝上的平衡鸟

适玩年龄
5 岁以上

难易度
★★☆

材料

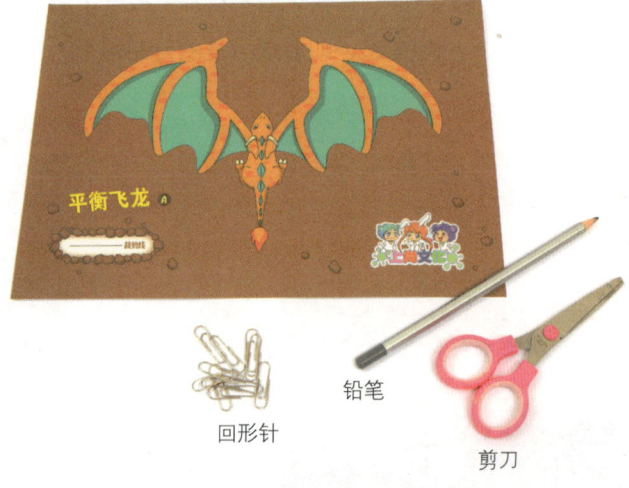

纸板（图卡请见附录二）

回形针　铅笔　剪刀

注意事项

1. 鸟的形状可以更改，但两只翅膀务必位于鸟嘴的前方。
2. 可以在鸟上彩绘，增添亲子间的乐趣。
3. 可以让孩子尝试使用不同数量的回形针，观察其有何不同。

 **步骤**

❶ 将纸板上的鸟沿线剪下。
❷ 利用回形针夹上翅膀，调整鸟的重心位置，让重心位在鸟嘴的位置。
❸ 将鸟嘴放置在圆锥柱上，看看小鸟是否可以维持平衡。
❹ 若是无法平衡，可再调整回形针的位置以及数量，使其平衡。

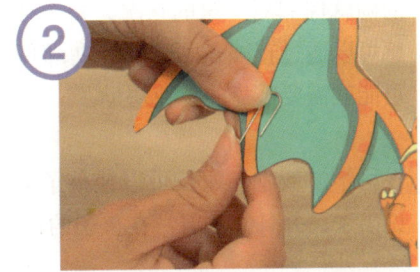

 **物质平衡原理：**

当物品的重心位置被支撑时，此物品就会达到平衡状态而不会随意转动。所以我们可以利用回形针来调整重心位置，使小鸟重心位在圆锥柱上，即可达到平衡的效果。

亲子互动小学堂
Parent-child Interaction Area

的确就像甜甜一家的状况,每个孩子对于各种感觉的接受度不一样,一般程度的敏感可以通过转移和回避来解决,但是,若触觉敏感的问题已经影响到日常生活与学习,可能就需要医疗的专业协助了。

在科学游戏中,家长可以让孩子多触摸各种不同材质的物品,让孩子把心中的感觉说出来,并且尝试着站在孩子的角度去解释这一种感觉。

· 举例一:我不喜欢锡箔纸的感觉,因为摸起来冰冰凉凉的,而且锡箔纸的折痕看起来很锋利,也许会割伤我。

· 举例二:我觉得厚纸板一面摸起来粗粗的,另外一面摸起来滑滑的;粗的那一面看起来还挺舒服的,滑的那一面看起来亮亮的,我比较喜欢粗的那一面。

通过孩子亲身的触觉经验,搭配口头描述,一来可以让孩子累积感官经验,二来可以鼓励孩子表达自身感受和分享感觉,会让父母与孩子更加了解彼此。

附录一 旋转陀螺蛇

■━━━━━ 裁剪线

附录二　树枝上的平衡鸟

裁剪线

图书在版编目（CIP）数据

厨房里的聪明科学课/陈乃绮，柯佩岑著. ——太原：山西人民出版社，2018.4

ISBN 978-7-203-10362-2

Ⅰ.①厨… Ⅱ.①陈… ②柯… Ⅲ.①智力游戏-儿童读物 Ⅳ.①G898.2

中国版本图书馆CIP数据核字（2018）第067475号

本书通过四川一览文化传播广告有限公司代理，经台湾木马文化股份有限公司授权出版中文简体字版本。

厨房里的聪明科学课

著　　者：陈乃绮（Penny）　柯佩岑
责任编辑：贾　娟
复　　审：傅晓红
终　　审：员荣亮
选题策划：北京汉唐阳光
出 版 者：山西出版传媒集团·山西人民出版社
地　　址：太原市建设南路21号
邮　　编：030012
发行营销：010-62142290
　　　　　0351-4922220　4955996　4956039
　　　　　0351-4922127（传真）　4956038（邮购）
E-mail：sxskcb@163.com　（发行部）
　　　　sxskcb@126.com　（总编室）
网　　址：www.sxskcb.com
经 销 者：山西出版传媒集团·山西人民出版社
承 印 者：鸿博昊天科技有限公司
开　　本：880mm×1230mm　1/24
印　　张：10.75
字　　数：100千字
印　　数：1-10000册
版　　次：2018年4月第1版
印　　次：2018年4月第1次印刷
书　　号：ISBN 978-7-203-10362-2
定　　价：58.00元

如有印装质量问题请与本社联系调换